南阳汉画馆

深沉雄大的
汉华遗韵

本册编著 郑笑楠 金爱秀 郑先兴

丝路物语 书系

主编 李炳武

西安出版社

图书在版编目（CIP）数据

深沉雄大的汉华遗韵：南阳汉画馆 / 李炳武主编. —— 西安：西安出版社，2020.12（2024.4重印）
ISBN 978-7-5541-5095-5

Ⅰ．①深… Ⅱ．①李… Ⅲ．①南阳石刻画像-研究 Ⅳ．①K879.424

中国版本图书馆CIP数据核字(2020)第248850号

丝路物语 书系

深沉雄大的汉华遗韵
南阳汉画馆
SHENCHENXIONGDA DE HANHUA YIYUN
NANYANG HANHUAGUAN

出 版 人：	屈炳耀
主　　编：	李炳武
本册编著：	郑笑楠　金爱秀　郑先兴
策划编辑：	李宗保　张正原
项目统筹：	张正原
责任编辑：	何　岸
特约编辑：	杨　柳
美术编辑：	李南江
责任校对：	路　索
责任印制：	尹　苗
出版发行：	西安出版社
社　　址：	西安市曲江新区雁南五路1868号影视演艺大厦11层
电　　话：	（029）85253740
邮政编码：	710061

印　　刷：	三河市华东印刷有限公司
开　　本：	787mm×1092mm　1/16
印　　张：	15.5
字　　数：	138千
版　　次：	2020年12月第1版
印　　次：	2024年4月第2次印刷
书　　号：	ISBN 978-7-5541-5095-5
定　　价：	78.00元

如有印刷、装订问题，本社负责另换。

序一

阅读文物 拥抱文明

郑欣淼

文物所折射出的恒久魅力，已为越来越多的人所认识。今天呈现在读者面前的这部"丝路物语"书系，就是这一魅力的具体体现。

"让收藏在博物馆里的文物、陈列在广阔大地上的遗产、书写在古籍里的文字都活起来"。（习近平语）党的十八大以来，习近平总书记担负着实现中华民族伟大复兴的历史重任，饱含着对传统文化的深厚感情，让文物活起来始终为其所关注、所思考。让文物活起来，就是深入挖掘文物的内涵，充分发挥文物的作用。中国文物是中华民族的文明印记和精神标识，是全体中国人乃至全人类的珍贵财富；它对于激发人民群众对中华优秀传统文化的了解、认同和热爱，坚定文化自信，汇聚发展力量等作用是不言而喻的。

近年来，一些优秀的文物类书籍、综艺节目、纪录片、文化创意产品等不断涌现，文化遗产元素成为国家外交的桥梁，文物逐渐成为"网红"并受到越来越多年轻人的青睐，这些都充分彰显着"让文物活起来"已逐渐从理念转化为行动，那些在历史长河中积淀下来的文物珍存正在不断走近百姓、融入时代、面向世界。

　　说到文物，不能不把眼光聚焦于丝绸之路。人类社会交往的渴望推动了世界文明间的相互交融和渗透，中华文明与亚、欧、非三大洲的古代文明很早就发生接触，相互影响，相互交流。直到1877年，德国地理学家李希霍芬在他的著作《中国——我的旅行成果》里首次提出了"丝绸之路"的概念。近半个世纪以来，随着丝绸之路考古发现和学术研究的不断深入，极大地开阔了人们的视野。特别是"一带一路"倡议的全面推进，丝绸之路研究更成为国际显学。在古代文明交流史上，丝绸之路无疑是极其璀璨的一笔。它承载着千年古史，编织着四方文明。也正因为丝绸之路无与伦比的历史积淀，形成了独特的历史文化遗产，其数量之大、等级之高、类型之丰富、序列之完整、影响之深远，都是世所公认的。神秘悠远的古代城址、波澜壮阔的长城关隘烽燧遗址、精美绝伦的艺术品、气势磅礴的帝王陵墓、灿若星辰的宫观寺庙、瑰丽壮美的石窟寺……数不清道不尽的文物珍宝，足以使任何参观者流连忘返，叹为观止。2014年，"丝绸之路：长安—天山廊道的路网"成功跻身《世界文化遗产名录》，使丝绸之路迎来了新的历史机遇，也对广大文化文物工作者提出了新的要求。

　　"让文物说话，把历史智慧告诉人们。"这是习近平总书记的谆谆嘱托。中华文化优雅如斯，如何让文物说话，飞入寻常百姓家，是当下无数文化界人士亟待攻坚的课题，亦是他们光荣的使命。客观来讲，丝绸之路方面的论著硕果累累，但从一般读者角度，特别是从当下文化与旅游结合角度着眼的作品不多，十分需要一套全面系统地介绍丝绸之路文物故事的读物。令人欣喜的是，西安出版社组织策划了这套颇具规模的"丝路物语"书系，并由李炳武先生担任主编，弥补了这一缺憾。李炳武先生曾经长期在文物文化领域工作，也主持过"中华国宝·陕西珍贵文物集成""长安学丛书"和《陕西文物旅游博览》等大型文物类图书的编纂工作，得到了业界的充分肯定；加之丛书的作者都是有专业素养的学者，从而保证了书稿的质量。

如何驾驭丝绸之路这样一个纵贯远古到当今、横贯地中海到华夏大地的话题，对于所有编写者来说，都是具有挑战性的。这套书的优点或者说特点，可以概括为以下几个方面：

这套书最大的一个优点，就是大而全。从宏观的视野，用简明的线条，对陆上丝绸之路的博物馆、大遗址进行了全景式梳理，精心遴选主要文物，这些国宝的历史、艺术和科学价值在字里行间一一呈现。

丝绸之路文化遗产类型丰富，作者在文中并没有局限于文物本身的解读，还根据文物的特点做了大量的知识拓展，包括服饰的流变，宗教的传播，马匹的驯化，葡萄等水果的东传，纸张的发明和不断改进，医学的发展，乐器、绘画、雕刻、建筑、织物、陶瓷等视觉艺术的交互影响，等等。其中既有交往的结果，也有战争的推动。总体而言，这些内容是讲述丝绸之路时所不可或缺的内容，使读者透过文物认识了丝绸之路丰富的文化内涵。

值得称道的是，这套书采取探索与普及相结合的方式，图文并茂，力求避免学究气的艰涩笔调,加入故事性、趣味性,使文字更具可读性,达到雅俗共赏的目的。通过图书这一载体,能够使读者静静地品味和欣赏这些文物,传达出对历史的沉思和感悟,完善自己对文物、丝绸之路和文化的认知。读过这套书后,相信读者都会开卷有益,收获多多,文物在我们眼中也将会是另一番面貌。

我们有幸正处于坚持以人民为中心的改革发展伟大时代,每一件文物,都维系着民族的精神,让文物活起来,定会深入人心、蔚为大观。此次李炳武先生请我写序,初颇踌躇,披卷读来,犹如一场旅行,神游历史时空之浩渺无垠,遐思华夏文化之博大精深。兼善天下,感物化人历来是每一个中国知识分子的精神所属,若序言能为一部作品锦上添花,得而为普及民众的文物保护意识起到促进作用,何乐而不为?

是为序。

· **郑欣淼** ·

原中国文化部副部长、故宫博物院原院长、中华诗词学会会长、著名历史文化学者。

序二

丝路物语话沧桑

李炳武

2013年9月，中国国家主席习近平访问哈萨克斯坦时，在纳扎尔巴耶夫大学发表演讲，首次提出共同构建"丝绸之路经济带"的宏伟倡议。2014年6月，"丝绸之路：长安—天山廊道的路网"成功跻身《世界文化遗产名录》。

丝绸之路是世界上路线最长、影响最大的文化线路。丝绸之路是指起始于古代中国的政治、经济、文化中心——古都长安（今西安）连接亚洲、非洲和欧洲的古代陆上商业贸易路线。它跨越陇山山脉，穿过河西走廊，通过玉门关和阳关，抵达新疆，沿绿洲和帕米尔高原通过中亚、西亚和北非，最终抵达非洲和欧洲，向南延伸到印度次大陆。这条伟大的道路沟通了中国、印度、希腊三大文明，它是一条东方与西方之间经济、政治、文化进行交流的主要道路，促进了欧亚大陆不同国家、不同文明之间在商贸、宗教、文化以及民族等方面的交流与融合，为人类社会的共同发展和繁荣做出了卓越贡献。

公元前138年，使者张骞受汉武帝派遣从陇西出发，出使月氏。13年中，他的足迹踏遍天山南北和中亚、西亚各地。在随后的2000多年间，无数商贾、旅人沿着张骞的足迹，穿越驼铃叮当的沙漠、炊烟袅袅的草原、飞沙走石的戈壁，来往于各国之间，带来了印度、阿拉伯、波斯和欧洲的玻璃、红酒、马匹、宗教、科技和艺术，带走了中国的丝绸、漆器、瓷器和四大发明，举世闻名的丝绸之路渐渐形成。

用"丝绸之路"来形容古代中国与西方的文明交流，最早出自德国著名地理学家李希霍芬1877年所著的《中国——我的旅行成果》一书。由于这个命名贴切写实而又富有诗意，很快得到学术界的认可，并风靡世界。

近年来，丝绸之路迎来了新的历史机遇，沿丝绸之路寻访探秘的人络绎不绝。发展丝路经济，研究丝路文明，观赏丝路文物成了新时代的社会热潮。中央文化产业发展专项资金资助项目"丝路物语"书系，便应运而生。在本书和读者见面之际，作为长安学研究者、"丝路物语"书系的主编，就该书的选题范围、研究对象、编写特色及意义赘述于下：

"丝路物语"书系，以"丝绸之路：长安—天山廊道的路网"遗产及相关博物馆为选题范围。该遗产项目的线路跨度近5000公里，沿线包括了中心城镇遗迹、商贸城市、聚落遗迹、交通遗迹、宗教遗迹和关联遗迹五类代表性遗迹以及沿途丰富的特色地理环境。共计包括三个国家的33处遗产点，其中吉尔吉斯斯坦境内3处，哈萨克斯坦境内8处，中国境内22处。属丝绸之路东段的重要组成部分，在丝绸之路交通与交流体系中具有独特的起始地位和突出的代表性。它形成于公元前2世纪，兴盛于公元6至14世纪，沿用至16世纪，连接了东亚和中亚大陆上的中原地区、河西走廊、天山南北与七河地区四个地理区域,分布于今中华人民共和国、哈萨克斯坦共和国和吉尔吉斯斯坦共和国境内。沿线遗迹或壮观巍峨,或鬼斧神工,或华丽精美,见证了欧亚大陆在公元前2世纪至公元16世纪之间人类文明进步的重要阶段,以及在这段时间内多元文化并存的鲜明特色。

"丝路物语"书系,每册聚焦古丝绸之路上的一座博物馆、一处古遗址或一座石窟寺,力求立体全面地展示丝绸之路上的历史遗存、人文故事和风土人情。这是一套丝绸之路旅游观光的文化指南,从中可观赏到汉代桑蚕基地的鎏金铜蚕,饱览敦煌石窟飞天的婀娜多姿,聆听丝路古道上的声声驼铃。古丝绸之路是人类文明的宝贵遗产,记录着社会的沧桑巨变,这也是一部启封丝路文明的记忆之书。

"丝路物语"书系,以阐释文物为重点。文物是中华民族的精神标识。"让收藏在博物馆里的文物、陈列在广阔大地上的遗产、书写在古籍里的文字都活起来"。这对于激发人民群众对中华优秀传统文化的了解、认同和热爱,坚定文化自信,汇聚发展力量不可小觑。

文物是不可再生的国之珍宝,从中可折射出人类文明的恒久魅力。对文化的认同感与归属感应当成为一种生活状态。我们从梳理丝绸之路沿线博物馆馆藏文物、石窟寺或大遗址为契机,从文化的立场阐释文物的历史意义,每篇文章涵盖了文物信息的描述、历史背景的介绍、文物价值的分享和知识链接等板块,在聚焦视角上兼顾学术作品的思想层与通俗作品的故事层双重属性,清晰地再现文物从物质性到精神性的深层转变,着力探讨文物作为一种精神力量对历史的思考。用时空线索描绘丝绸之路的卓越风华,为读者梳理丝绸之路的文化影响,以文物揭示历史规律,彰显更深层、更本质的文化自信,激发读者的民族自豪感。"丝路物语"书系以文物为研究对象,从中甄选国宝菁华,讲述它们的前世今生。试图让读者从中感受秦始皇地下军团的烈烈秦风,惊叹西汉马踏匈奴的雄浑奔放,仰慕大唐《阙楼仪仗图》的盛世恢宏,这是一部积淀文化自信的启智之作。

"丝路物语"书系,以互动可读为特色。在大众传媒多元数字化的背景下,综合运用现代科技的引进更能推动文化传播的演变进入一个崭新的领域,相契于文字的解读,更透出传统文化的深邃意蕴。为多维度营造文化解读的可能性,吸引更多公众喜欢文物、阅读文物,"丝路物语"可谓设计精良,处处体现出反复构思、创新的态度。设计重点关注视觉交流的层面,借助丰富的图像资料和多媒体技术大幅强化传统文化元素可视、可听、可观的直接特征,有效提升文化遗产多维度的观感效果。古人著书立说重字画兼备,"宣物莫大于言,存形莫善于画",所以由"图书"一词合称。本书系选用了大量专业文物图片,整体、局部、多角度展示,让读者在阅读文字之余通过精美的图片感受文化的震撼与感动,让读者更好地认知历史、感知经典,体验当代创新之趣。

"丝路物语"书系,以弘扬互利共赢的丝路精神为使命。"丝绸之路:长安—天山廊道的路网"在东亚古老的华夏文明中心和中亚历史悠久的区域性文明中心之间建立起长距离的交通联系,在游牧与定居、东亚与中亚等文明交流中具有重要意义,并见证了古代亚欧大陆人类文明与文化发展的主要脉络及若干重要历史阶段以及突出的多元文化特征,是人类进行长距离交通、商贸、文化、宗教、技术以及民族等方面长期交流与融合的文化线路杰出范例。

2000多年前,我们的先辈筚路蓝缕,穿越草原沙漠,开辟出联通亚欧非的陆上丝绸之路。这不仅是一条通商易货之道,更是一条文化交流之路。沿着古丝绸之路,中国将丝绸、瓷器、漆器、铁器传到西方,也为中国带来了胡椒、亚麻、香料、葡萄、石榴。沿着古丝绸之路,佛教、伊斯兰教及阿拉伯的天文、历法、医药传入中国,中国的四大发明、养蚕技术也由此传向世界。更为重要的是,商品和文化交流带来了观念创新。比如,佛教源自印度,在中国却发扬光大,在东南亚得到传承。儒家文化起源于中国,却受到欧洲莱布尼茨、伏尔泰等思想家的推崇。这是交流的魅力,互鉴的成果。这些各国不同的异质文化,犹如新鲜血液注入华夏文化肌体,使脉搏跳动更为雄健有力。古丝绸之路绵亘万里,延续千年,积淀了以和平合作、开放包容、互学互鉴、互利共赢为核心的丝路精神。

新时代、新丝路、新长安。2017年,习近平主席在"'一带一路'国际合作高峰论坛"上指出:古丝绸之路是人类文明的宝贵遗产。为让这些遗产、文物鲜活起来,西安出版社策划出版的"丝路物语"书系,承载着别样的期许与厚望,旨在以丝绸之路的隽永品格对话当代社会的文化建构，以高度的文化自觉唤醒当代社会的文化自信。

我们作为丝绸之路起点长安的文化工作者，更应该饱含对传统文化的深厚感情，自觉担负起实现中华民族伟大复兴的历史重任，充分运用长安学的最新研究成果，为保护、研究和传承人类文明的宝贵遗产尽心尽力，助推"一带一路"伟大事业的蓬勃发展。

精品力作是出版社的立身之本，亦是文化工作者的社会担当。"丝路物语"书系的出版，凝聚着众多写作和编辑人员的思考与汗水。借此，特别感谢郑欣淼部长的热情赐序；感谢策划人、西安出版社社长屈炳耀先生的睿智选题与热情相邀；感谢相关遗址、博物馆领导的支持和富有专业素养的学者和摄影人员的精心创作；更要感谢西安出版社副总编辑李宗保和编辑张正原认真负责、卓有成效的工作。

"丝路物语"书系的出版虽为刍荛之议、管窥之见，但西安出版社聆听时代声音、承担时代使命以及致力于激活文化遗产、传播中国声音的决心定将引领其走向更远的未来。

是为序。

· 李炳武 ·

陕西省文物局原副局长、陕西省文史馆原馆长、"长安学"创始人、陕西师范大学国际长安学研究院首任院长、三秦文化研究会会长、长安学研究中心主任、著名历史文化学者。

汉 庑殿屋图

102	历史传说	大汉辉煌的精神源泉
120	天文地理	立象尽意的知识体系
146	神仙瑞兽	砥砺奋进的认知范式
184	舞乐百戏	奢华身心的欢愉生活
208	书画雕绘	伸曲自得的生命意趣
224	丝路圣迹	文明互鉴的大汉风华

目录

001 开篇词

002 **汉华遗韵**
汉画研究与南阳汉画馆

008 **汉画像**
事死如生的人生理念

018 **汉代史**
丰富多彩的汉画内容

024 **沉雄博大**
汉画像的艺术魅力

032 **猛士淑女**
仕宦当做执金吾　娶妻当得阴丽华

056 **生产生活**
饮食男女的幸福人生

开篇词

丝路物语
南阳汉画馆

鲁迅先生说,与唐人线画的『流动如生』相比,『唯汉人石刻,深沉雄大』。

翦伯赞先生说,有系统地搜集汉代的石刻,就是『一部绣像的汉代史』。

冯其庸先生说,汉代石刻艺术体现了外来文化侵染之前的中国本土文化的特质,是『敦煌之前的敦煌』。

走进南阳汉画馆,感触汉人的社会生活,感受汉人的精神风貌,感受中华文化的深沉雄大、自尊与自信……

汉华遗韵

汉画研究与南阳汉画馆

著名的文学家、思想家、革命家鲁迅先生曾经对汉画像有过"唯汉人石刻,气魄深沉雄大"的感慨,这是对汉画像艺术价值的高度肯定。

在我国的文物研究当中,有关汉画像石的研究一直是很重要的部分。从北宋末年赵明诚的"访求藏蓄凡二十年",搜集整理了大量有关金石铭刻拓片的资料,著成《金石录》三十卷开始,我国学术界就已经开始了对于汉画像石的研究。南宋洪适所著的《隶释》和《隶续》当中,开始收录摹写汉画像石的画像,在汉画像石研究中首开摹录图像的先例,这些整理与研究虽然仅仅局限于金石学,但这也是真正意义上的汉画像石著述。随后直到20世纪,对于汉画像石的研究虽然有起有伏,但都是在金石学的范围内进行的。

20世纪20年代以后,近代考古学开始进入了汉画像石研究领域。这期间，我国的学者为汉画像石的搜集、整理做出了巨大贡献。著名的文学家、思想家、革命家鲁迅先生曾经对汉画像有过"唯汉人石刻，气魄深沉雄大"的感慨，这是对汉画像艺术价值的高度肯定。鲁迅先生对于汉画像的保护和发掘十分重视，1935年至1936年间，身居上海的鲁迅得知南阳有汉画像石后，拿出自己的稿费，请好友王冶秋（后曾任国家文物局局长）托南阳友人专门雇请拓工拓印南阳汉画。当时在南阳教书的中共地下党员王正朔、杨延宾收到王冶秋托他们在南阳为鲁迅先生搜集南阳汉画拓片的信，并嘱咐他们用最好的连史纸拓印。杨延宾的父亲杨鹤汀出钱、管饭，请有名的拓工师傅，派人到汉口买好纸好墨。王正朔、王正今（中共地下党员）和杨廷宾轮流带领拓工到南阳周边各县拓印，回来后晾干，再包装寄给在上海的鲁迅先生。鲁迅对拓片的质量和内容深表满意，《鲁迅日记》1936年1月28日写着："午后得南阳汉画拓片五十幅，杨廷宾君寄。"从1935年至鲁迅先生去世，先后搜集到汉画像拓片231张。鲁迅收集南阳汉画像目的很明确，就是为新文化运动服务，他曾说："倘参酌汉代石刻画像，和欧洲的新法融合起来，也许能创造一种更好的版画。"鲁迅收集的南阳汉画拓片，1949年后由其夫人许广平无偿捐献给了国家，现藏于北京鲁迅博物馆。可以告慰鲁迅先生的是，他所收集拓片的原画像石，现在都被完好地收藏于南阳汉画馆中。

我国著名的文学家、历史学家郭沫若先生也非常重视汉画像石的研究，在他所主编的《中国史稿》当中，就有大量关于汉代石刻的内容。1959

南阳汉画馆

年南阳汉画馆重建时,他欣然为汉画馆题写馆名。镇馆之宝"许阿瞿画像石"还与郭沫若有一段不解之缘:当时南阳的文物工作者发掘了一座古代墓葬,从墓葬形制和随葬物品判断应是魏晋时代的墓葬,但墓葬内有铭刻"建宁三年"隶书文字的画像石一块,建宁是东汉灵帝的年号,建宁三年即公元170年。根据纪年铭文可以确证为东汉之物,但铭文艰涩难懂,很难判读。无奈之下,考古人员给郭沫若写信求助,郭沫若对铭文进行逐字释读,并写信回答了相关的学术问题。

我国国歌的词作者田汉,对南阳汉画像石的保护也做出过贡献。1957年1月,田汉来到南阳,仔细看遍了汉画馆的每块画像石后,觉得还不过瘾,听说南阳东关魏公桥上有不少用于建桥的汉画像石,随即赶到现场。当看到一块块精美的画像石被用作了建筑材料,田汉深感惋惜。回到郑州后,他特别面见当时河南省政府主要领导同志,陈述了抢救性保护南阳汉画像石的必要性和迫切性,建议省政府拨出专款,尽快把南阳已经被用作建桥材料的汉画像石拆下并保护起来,重建汉画馆。河南省政府很快采纳了这一建议，于是又一大批汉画像石得到了保护，第二次建成的南阳汉画馆也于1959年10月1日正式开放。

大画家吴冠中曾评价南阳汉画像"气势磅礴，风格独特，令人一见倾心"，是"高级的艺术、五大的艺术"。曾任中央美术学院副院长的罗公柳，第一次步入南阳汉画馆看到汉画像石时，竟然抑制不住内心的激动流下热泪。随后的几天，他在汉画馆就没停下过手中的画笔，像小学生一样一笔一画地临摹原石画像，还不时询问有关内容，一一记录下来。

正是在这些学者前赴后继的不懈努力之下，南阳汉画像石得到了高度的重视，也得到了相对比较完善的保护。

南阳汉画馆是目前我国建馆最早、藏品最多、规模最大的一座汉画像石刻艺术博物馆。南阳汉画馆始建于1935年10月10日，当时的馆舍位于南阳民众教育馆内（今卧龙区广播站后院），馆藏汉画像石118块。时任河南省第六行政督察专员的罗震亲自撰写了"南阳汉画馆创修记"碑文。中华人民共和国成立后，我国对于历史文物的重视程度不断提高，对于汉画像石的保护力度也在不断加强。1958年，河南省政府拨专款2.8万元，在南阳卧龙岗武侯祠东侧建一座汉画馆。9月8日，时任中国科学院院长的郭沫若先生为汉画馆题写了馆名。馆内共收藏展出南阳汉画像石500余块。再建的汉画馆于1959年10月1日正式开馆迎宾，免费参观。

1976年，开始在原馆东北侧再次重建一座新馆舍，新馆展厅面积1700余平方米，占地面积2750平方米。于1979年1月20日正式开馆展出。

展出画像石精品187块,馆藏画像石总量已达1500块。新馆建成开始施行有偿参观,门票5分,形制为绿色圆形塑料门票。

1985年10月29日,原南阳市文化广播事业局决定,南阳汉画馆独立建制,为直属二级单位,汉画馆从此结束了长达半个世纪被代管的局面。1986年河南省计划经济委员会批准立项重建汉画馆。新馆于1988年7月1日奠基,8月25日正式开工,至1999年底建成,并于1999年12月27日正式开馆,施行有偿参观制度。2009年5月18日,汉画馆结束了长达30年的收费历史,恢复1959年时的免费参观制度。2000年曾荣获"2000年度全国十大陈列精品奖";2008年被国家文物局评定为国家一级博物馆。

汉画像石虽然本质上是一种祭祀性丧葬艺术,但是由于其内容的广博性和对于生活的高度概括性,为我国历史学界研究汉代甚至先秦时期的历史提供了海量的历史材料。我国学者对于汉画像石不遗余力的保护和研究,也使得中华传统文化得以延续和传承。正是这些学者的努力和研究,才让我们的民族文化在世界民族文化中愈加辉煌灿烂,熠熠生辉!

汉画像

事死如生的人生理念

孔子所说的按照礼仪予以孝敬、埋葬与祭祀,逐渐演绎成为汉代事死如生的丧葬与祭祀理念。而事死如生的本质与核心,正是儒家所倡导的礼治思想。

所谓汉画,是指汉代人雕绘在砖、石上的图像,人们习惯称之为汉画像砖、汉画像石。

汉画像石出土于汉墓之中。据统计,自1932年南阳草店汉画像石墓发掘至今,有着完整考古报告的汉画像石墓将近115座。其中,出土汉画像石最少的是1973年在古宛城城址的东南李相公庄发掘的许阿瞿墓,出土石板5块,其中有画像的3块;出土石板最多的是1978年在唐河湖阳公社新店村,考古发现的汉郁平大尹冯君孺墓,挖掘出石板154块,石方约60立方米,画像35幅;出土画像最多的是1988年南阳麒麟岗548厂生活园区工地发掘出的一座汉墓,出土石板111块,其中画像153幅。

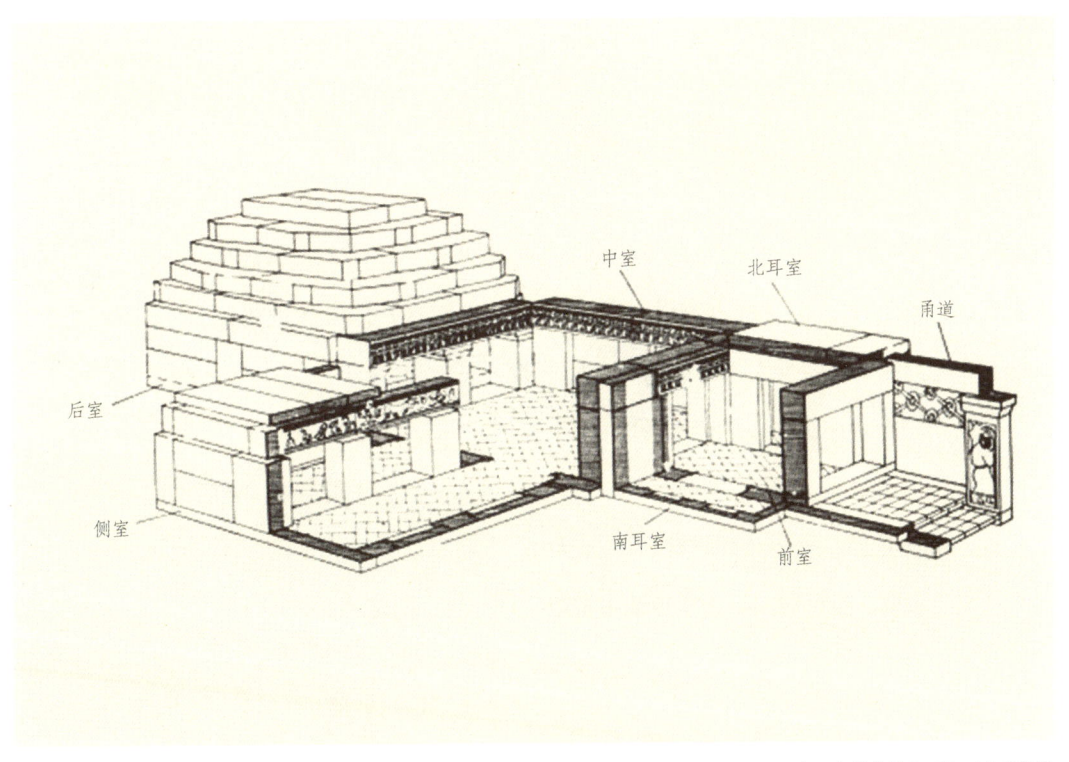

图一：南阳中原技校汉画像石墓透视图

汉画在汉墓中的位置，依赖于所在石材的功能。石材应用于汉墓中，有门扉、门柱、门楣、墓柱、墓壁、墓顶与墓底。这样，汉画就有了门扉、门柱、门楣、墓柱、墓壁、墓顶与墓底等类型。门扉、门楣、门柱与墓柱因处于墓中有时可见双面、三面甚至四面，于是就有了双面、三面或者四面都有画像的石块。这也说明了为什么麒麟岗汉墓中出土的石材少，而画面多，原来是有的石块上面富含多面画像。

汉墓画像石的出现，也与汉墓的形制有关。汉墓形制有穹隆、平顶等式样。穹隆式样的，以南阳中原技校汉画像石墓为例（图一）：该墓葬坐西向东，方向45°；形制如民居，有墓门、甬道、前室、耳室二、中室、侧室二、后室二所组成，用现在的话说，当是六室两厅。该墓室所用材料为石材，画像有10幅，素石（即未有雕像的石条）较多；因多次被盗，墓中器物已无所存，推测其时代，当为东汉晚期。

再以南阳赵寨砖瓦厂汉画像石墓为例（图二）：该墓发掘于1976年，因取土烧砖而被发现。墓室朝向为正东，墓室建筑为前厅、主卧与两个侧室构成，可说是三室一厅。其材料为砖石混用。墓室壁、顶用砖堆砌、团券，墓厅的墙壁、盖顶借用石板。画像主要雕绘在门柱、门扉上，有13幅。

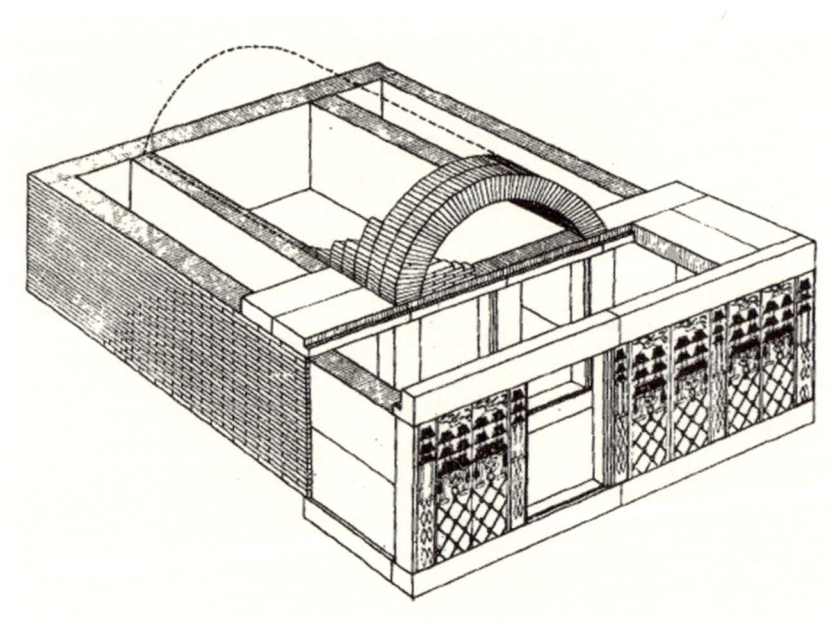

图二：南阳赵寨砖瓦厂汉画像石墓透视图

图三：南阳高庙汉画像石墓

最后再举一例，1994年在南阳宛城区高庙乡侯营村，发掘了一座汉画像石墓（图三）。墓室平面为长方形，坐东向西，由墓道、墓门和南北中三室等五部分组成。其中墓道位于三墓室前，为弧形斜坡。墓门为三座，分别位于三个墓室前。该墓室为纯石材结构，因多次被盗，一些石块已经流失或被炸毁，此次清理的石板有61块，画像60幅。

汉画像石的出现，除了合法的考古发掘之外，还有一部分散落在民间。这些应当是从汉以后历代被盗汉墓中出土的，被用来修桥铺路，修筑房屋、庙宇。如之前的南阳魏公桥，因采用汉画像石，画面有石人形象，所以该桥被称为"石人卧大桥"；此外，西汉张骞出使西域，被封为博望侯，其墓祠当在今天的南阳市方城境内，因其墓祠已经被损坏，而曾经所使用的汉画像石，却散落在民间，被后人用来修筑桥梁，现在方城就有座桥，被称作"张骞桥"或"画像石桥"。

那么，这里就提出了问题，为什么汉墓中会出现画像石？

答曰：汉代人事死如生。

那么，汉代人为什么事死如生？

答曰：在于思想上受儒家的影响，在于制度上以察举制诱导，在于思想的教化与制度的引导。

众所周知，孔夫子本来是不讲究怪力乱神的，可是，一旦谈到祖宗崇拜与祭祀，为了赢得民众的服从，他就不得不顺从了民俗，强调了鬼神的存在。《论语·八佾》："祭如在，祭神如神在。子曰：吾不与，祭，如不祭。"祭祀祖先就像祖先真的在面前，祭神就像神真在面前。孔子说："我若不亲自参加祭祀，就和没有参加是一样的。"

可见，孔子不信神鬼，但是为了坚持实施礼治，不得不想象着有鬼神的存在。东汉著名的思想家王充在《论衡·订鬼篇》提到："凡天地之间有鬼，非人死精神为之也，皆人思念存想之所致也。"人们传说的鬼神，不是人死了还有其精神的存在，而是后人的思念存想。

《论语·为政》："孟懿子问孝，子曰：无违。樊迟曰：何谓也。子曰：生，事之以礼；死，葬之以礼，祭之以礼。"孟懿子请教孔子："孝是什么？"孔子说："孝就是不要违背父母的意愿。"樊迟追问："怎样才叫不违背父母的意愿？"孔子解释："父母活着时，按照礼仪来侍奉；去世了，按照礼仪来埋葬，按照礼仪来祭祀。"

可见，孔子所说的按照礼仪予以孝敬、埋葬与祭祀，逐渐演绎成为汉代事死如生的丧葬与祭祀理念。而事死如生的本质与核心,正是儒家所倡导的礼治思想。

自汉武帝接受了董仲舒的"天人三策",实施"罢黜百家,独尊儒术"的文化策略,儒家思想逐渐深入人心。这样,鬼神信仰有了儒家的思想为基础,与原始的"万物有灵"自然结合为一体,鬼神信仰就在汉代社会生活中活跃起来。

制度上以察举制诱导。汉代的治国理念是"孝",即"以孝治天下"。汉代的皇帝,除了汉高祖刘邦、汉世祖刘秀之外,自西汉惠帝以下,东汉明帝以下,其谥号皆冠以"孝"。颜师古《汉书》卷2《惠帝纪》注:"孝子善述父之志,故汉家之谥,自惠帝以下皆称孝也。"根据《汉书·孝武帝纪》:元光元年(前134),汉武帝采纳董仲舒的建议,"初令郡国举孝廉各一人"。元朔元年(前128),武帝下诏:"兴廉举孝,庶几成风,绍休圣绪""有司奏议曰:'……不举孝,不奉诏,当以不敬论。不察廉,不胜任也,当免。'"自此以后,以"孝"为本的察举制成为整个刘汉王朝的定制。朝廷选人用人,都是以"孝行"为标准的。

思想的教化与制度的引导,形成了汉代社会普遍的风俗习惯:"活以孝养,死以孝敬"。由此所引起的,就是崇尚厚葬。一是改变过去不封不树的做法,大兴土木,内置棺椁,外起坟茔;二是将生活中所用的什物,应有尽有,或实物,或明器,置放在墓中;三是将幻觉中的景象,如仙境仙人,或者生活中的实景,雕绘在墓中的门扉、门柱、墙壁或墓顶上,以

图四：许阿瞿画像　南阳李相公庄墓汉画像石

象征过世的人继续享有生前的生活，这应当是汉画的起因。

图四：事死如生的汉人，在汉画像石中的最集中的表现，就是"许阿瞿汉画及其墓志铭"。年仅5岁的许阿瞿夭折了，家人非常悲痛，于是请工匠雕绘了这幅画像，将许阿瞿生前的生活场景，如玩乐、观看乐舞都雕绘下来，祈盼许阿瞿在阴间能够继续快乐的生活。

许阿瞿画像分为上下两层：其上层左侧一小孩坐在榻上观看儿童游戏，小孩面前空白处阴刻"许阿瞿"三字。其下层为舞乐百戏表演，或飞剑跳丸、或跳盘鼓舞、或弹琴、或吹排箫等。画像的右侧锲刻隶书铭文136字，铭文诉说了墓主人许阿瞿年仅5岁就于东汉灵帝建宁三年（170）不幸夭折，家人十分悲伤、无限思念并寄托了能够在阴间"役财连篇"生活的幸福事情，它是我国目前发现较早的墓志铭。

南阳汉画馆所复原东汉早、中、晚期三座汉墓的模型

早期墓葬形制模型

发掘地点：南阳赵寨
发掘时间：1972年2月

中期墓葬形制原装模型

发掘地点：邓州长冢店
发掘时间：1973年5月

晚期墓葬形制原装模型

发掘地点：南阳中原机校

发掘时间：1971年8月

汉代史

丰富多彩的汉画内容

风景楼阁则俨然逼真，人物衣冠则萧疏欲动。在有些歌舞画面上所表示的图像，不仅可以令人看见古人的形象，而且几乎可以令人听到古人的声音，这当然是一种最具体最真确的史料。

基于事死如生的汉画，举凡汉代社会生活的方方面面，都予以了雕绘，其内容可以说是丰富多彩，应有尽有。

从社会生活的类型看，汉画主要包括了如下方面：

猛士淑女类

猛士类的有执金吾、拥彗、执戟、执笏、拥盾、执斧、执节、执刀剑、力士、蹶张。

淑女类的有少女、贵妇。（图一）

图一：鸟·捧食侍女

生产生活类

农耕、狩猎、宴饮、楼阁、铺首衔环、车骑出行、拜谒、武库。

历史传说类

二桃杀三士、汉高祖的传说（斩蛇）、荆轲刺秦王、伍子胥自杀、孙武练兵、范雎受袍、伯乐观马、西门豹治邺。

天文地理类

天文的有凤日蛙月、星座（白虎、苍龙、北斗、南斗、彗星）、星空、气象（虹鲵、风伯、雨师、雷公）；地理类的有山神西王母、河伯出行；人文类的有伏羲日女娲月、宇宙意象图。

神仙瑞兽类

始祖神有盘古、伏羲女娲；神仙有西王母、蟾蜍、仙人乘龟；瑞兽有青龙、白虎、白熊、凤鸟、仙鹿、大象与獬豸。

舞乐百戏类

舞乐方面有巾舞、长袖舞、建鼓舞、器乐、歌唱；百戏方面有弄丸、弄壶、冲狭；傩戏方面有博虎戏牛、博虎戏龙、博虎戏熊、玩狗斗牛、搏牛戏猪等等。

丝路圣迹类

胡人执节、门吏、武士、丝路巡行、箜篌、狮子等等。

从历史进程看,汉画与汉代历史竟始终。汉画源起于西汉前期,其时,图像非常简朴,主要以常青树为主;西汉中期,汉画得以发展,图像有了人物、车骑出行、拜谒等画面;两汉之际,汉画得以繁盛,其图像有了昆仑山、西王母、捣药兔等较为复杂的画面。

东汉中晚期最为繁盛,举凡社会生活中的宴饮、拜谒、车骑出行、舞乐百戏,可以说应有尽有。最突出的是:以人面蛇尾交媾的伏羲女娲始祖崇拜图像,以西王母、东王公凭几打坐的仙境诉求图像,以凤鸟或白虎铺首衔环并辅之以斗牛、熊的门扉辟邪图像,或者执盾、执棒、执笏或拥彗的门扉富贵图像,以建鼓、舞乐百戏的家居生活的欢乐图像等等,皆已形成了基本的构图形式。

东汉结束,进入三国,汉画竟然消逝了。考究其因:一是军阀混战,社会动荡,人们难以为生,顾不上雕绘那些费时费力的事死如生的石头;二是经过黄巾军的洗礼与军阀混战,道教冷落,佛教走俏,众多工匠隐匿深山峡谷之中,雕绘佛像于峭壁,传递向善与祈求和平的心愿。

从历史空间看,汉画在整个中国,有着普遍的推广。学者们将其划分为以下四个区域:

以南阳为核心的包括郑州、许昌、洛阳在内的中原区域,其区别在于使用的材料不同。南阳的汉画像砖、汉画像石,郑州的汉画像砖,许昌的汉画像砖、汉画像石，洛阳的汉画像砖、壁画墓。其相同的则是图像内容以社会生活、神话传说、天文星象为主。

以嘉祥、徐州为核心的山东、江苏、安徽与浙江区域，其材料除了是汉画像石外，与中原相比，出土有汉墓石祠堂画像，而且内容极为丰富。其图像以社会生活、历史故事为主。

以重庆、成都为核心的四川区域，因为受中原移民的影响，也是以汉画像石、汉画像砖为最多。与中原区域不同的是，汉画像石也多出在石棺椁、石汉阙上；汉画像砖出在方面砖上。其图像以孝养、生产生活等题材为主。

以陕北、山西吕梁为核心的陕西、山西区域，其材料为汉画像石，多出在门面、棺材板上。其内容以狩猎、车骑出行为表征。

汉画像以其丰富的内容、与汉代始终的经历，以及其发生区域的广泛，彰显了整个汉代繁荣的历史与灿烂的文化。著名的历史学家翦伯赞先生在其《秦汉史》序言中，对山东与南阳所出土汉画的史学价值，予以了高度的评价：

汉代的石刻画像，如武氏祠、孝堂山祠、两城山及武阳石阙等石刻画像，皆传世已久，但并未引起历史家的注意。晚近南阳一带汉墓中，又发现了大批的汉代石刻画像，始有若干学者开始对石刻画像作艺术的研究。我以为除了古人的遗物以外，再没有一种史料比绘画雕刻更能反映出历史上的社会之具体的形象。同时，在中国历史上，也再没有一个时代比汉代更好在石板上刻出当时现实生活的形式和流行的故事来。汉代的石刻画像都是以锐利的低浅浮雕,用确实的描写手腕,阴勒或浮凸出它所要描写的题材。风景楼阁则俨然逼真,人物衣冠则萧疏欲动。在有些歌舞画面上所表示的图像,不仅可以令人看见古人的形象,而且几乎可以令人听到古人的声音,这当然是一种最具体最真确的史料。例如从石刻画像中楼阁宫室的构图,我们便了然于桓宽所说的汉代贵人之家"兼并列宅,隔绝闾巷,阁道错连,足以游观;凿池曲道,足以骋骛"之语;从石刻画像中的乐舞图像,我们便了然于仲长统所说的豪人之室,"妖童美妾,填乎绮室;倡讴伎乐,列乎深堂"之语;看侏儒舞的画像,则《徐乐传》所谓"帷幄之私,俳优侏儒之笑"如在目前;看戏兽的画像,则张衡《西京赋》所谓"熊虎升而挐攫,猿狖超而高援"之态,跃然纸上;看乐队的画像,则流徽鸣鼓,如闻其音;看战争的画像,则矛挺搏击,如历其境。此外,还有许多描写风俗、记录传说、鼓励道德、宣传信仰的画像,不及备举。总之,这些石刻画像假如把它们有系统地搜集起来,几乎可以成为一部绣像的汉代史。

沉雄博大
汉画像的艺术魅力

> 雕绘者以图像的形式，叙说其对社会生活的理解，而其场景的构思与安置，往往带着全知的视角，以超越现实的透视原理，来雕绘生活画面。

汉画像石作为雕绘在石板上的艺术图像，其雕绘的技法，若按传统的说法，则可谓是两种方式：

一是阳刻法，即将所需要彰显的图像，予以保留，而后将其底层予以剔除，由此所显现出来的图像，凸出于石面上；二是阴刻法，即将石面抛光，而后以铁凿剔除不需要的部分，由此所显现的图像，凹现于石面之上。无论是阳刻法还是阴刻法，其共同特点在于：取石材于山中，打磨好需要的石板，然后按照既定的蓝本图样，予以雕绘。

汉画的雕绘技艺，用现在美术的话语来说，其阳刻法，可称之为剔地浅浮雕或高浮雕；其阴刻法，可称之为凹面阴刻或线刻。按照汉画像研究

的前辈学者腾固先生的意见,前者可以称为拟浮雕,后者则称之为拟绘画。腾固先生说:

"浮雕亦有两种不同的体制,其一是拟雕刻的(高浮雕),希腊的浮雕即属于此类,在平面上浮起相当高的形象而令人感觉到有圆意;其二是拟绘画的(浅浮雕),埃及和古代亚细亚的遗品即属于此类,在平面上略作浮起,使人视之,但觉将描绘之物像镌刻于其上。

中国的石刻画像自然属于后一种。在佛教艺术以前,中国从未有过类似希腊的浮雕。但中国的石刻画像也有好几种,如孝堂山和武梁祠的刻像,因为其底地磨平,阴勒的线条用得丰富而巧妙,所以尤近于绘画,像南阳石刻都是平浅浮雕而加以粗率劲直的线条阴勒,和绘画实在有相当的距离。所以我对于中国的石刻画像也想分别为两种:其一是拟浮雕的,南阳石刻属于这一类;其二是拟绘画的,孝堂山武梁祠的产品是属于这一类。"

按照腾固先生的论述,南阳汉画像石所展现的雕绘技法,属于拟浮雕,即阳刻法,以剔地浅浮雕为常见;偶尔也有阴刻法,如祭案的耳杯,多为凹面阴刻法。图一是馆中展出的白虎,属于阴线刻法。

令人感兴趣的是,馆藏展品中,有一幅执笏门吏,本为剔地浅浮雕,但其细微处,却有白虎铺首衔环的阴线刻(图二)。由此表明,原雕刻者本来的计划是白虎铺首衔环,可能因为主家不同意,只好原材再用,改作为执笏门吏。由此也表明,汉画像石的雕绘技法,是在石板上以阴线刻的形式,先雕刻出图像的大样,而后再做画面处理,剔除多余的平面,这样,

图一：白虎

剔地浅浮雕的图像就成了。

在表现形式上，汉画像石还以体量的大小、布局，来展现画面的含义。一般来说，在画面上所占面积的比例较大的，那就是雕绘者所着意展现的内容。反之，在画面上所占面积的比例较小的，其含义也就相对较小。如在汉画像石的"投壶·醉酒"图中，醉酒者的头与身躯雕绘的就比较大，而侍奉者的体量比较小，以此表明投壶之输及其醉酒之程度，其含义非常明显。

在表现形式上，汉画像石又以全视角的透视理念，来展现画面的意义。雕绘者以图像的形式，叙说其对社会生活的理解，而其场景的构思与安置，往往带着全知的视角，以超越现实的透视原理，来雕绘生活画面。这样，当我们面对汉画像石时，必须要具备汉代雕绘者的美术知识，而后才能真正领悟其精深的含义。

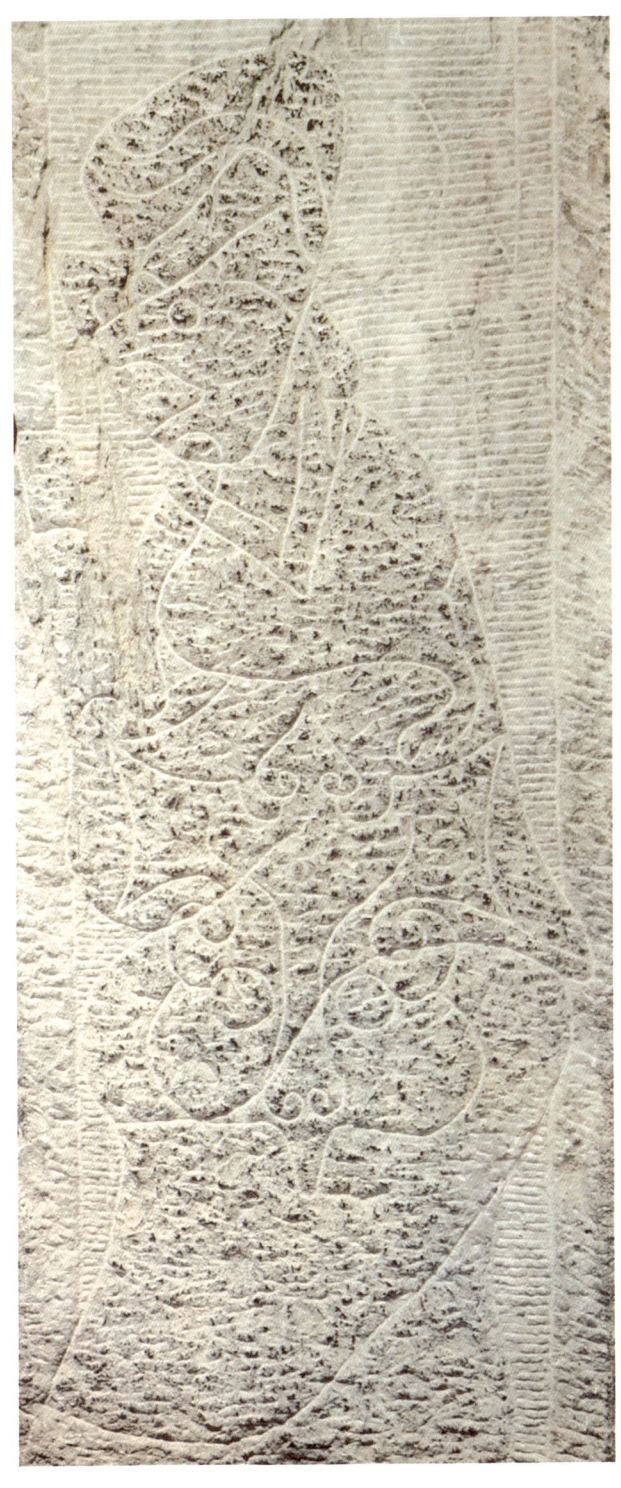

图二：执笏门吏

在表现形式上，汉画像石除了雕刻之外，其时当有相应的色彩附着上面。唯遗憾的是，这些色彩随着长时期的侵蚀，大多已经被销蚀掉了，很难真确地看到原始的风采。不过，在南阳陈鹏汉画像石墓中，出土了彩色的图案，可以借此理解汉画像石的原始风貌。

图三：画面刻门吏戴冠，身着黑色长袍，红领，面部涂红色，脚部涂白色；双手捧笏。

图四：画面刻门吏戴刘邦帽，身着黑色长袍，双手执金吾；其头部刻凤鸟，回首张望，涂红色。

此外，汉画像石的表现形式，还与石材质量有着很大的关系。南阳汉画像石的材料主要有两种：一种是采用蒲山所产的大青石；一种是唐河所产的灰砂石。前者材质坚硬，不宜凿空；后者石质粗松，易于破碎。与山东的石材相比，南阳石材缺乏细腻、柔和，难为线刻，可以分层构图。因此，南阳汉画往往以粗线条的写意、单面构图为主，狂放而不失其委婉，单调而不失其生动，让人读来油然而发共鸣，震撼而发感悟！

鲁迅先生生前非常喜爱汉画，在南阳一些朋友的帮助下，曾经珍藏数百幅汉画拓片。在他与朋友的几封信件中便可略窥一斑：

南阳画像，也许见过若干，但很难说，因为购于店头，多不明出处也，倘能得一全份，极望。

——《致台静农的信》（1935年8月11日）

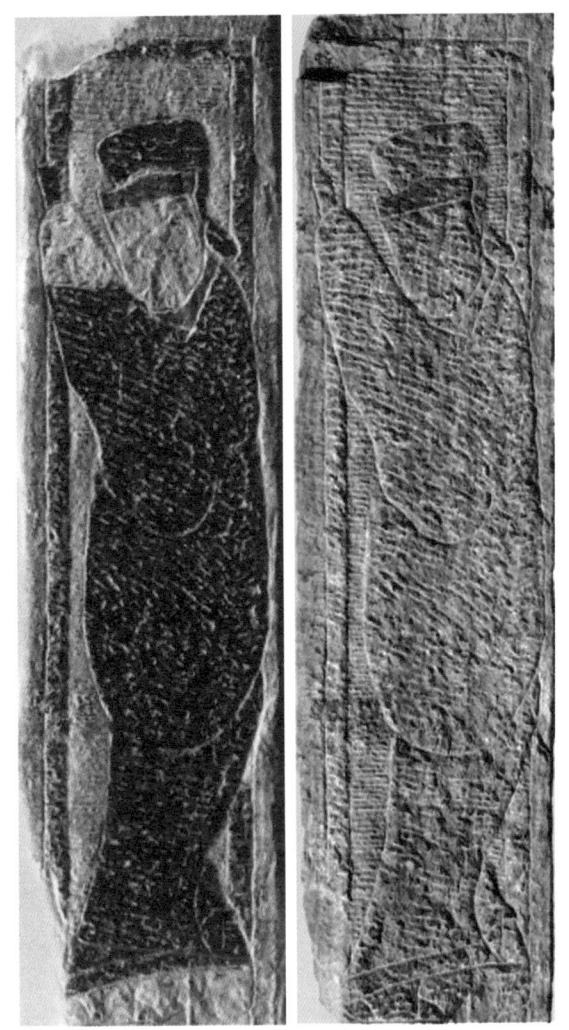

图三：执笏门吏 南阳陈棚汉墓南前室北门柱彩色画像

今日又收到杨君寄来之南阳画像拓片一包，计六十五张，此后当尚有续寄，款如不足，望告之，当续汇也。这些也还是古之阔人的冢墓中物，有神话，有变戏法的，有音乐队，也有车马行列，恐非'土财主'所能办。其此则比别的汉画稍粗者，因无石壁画像故也。石室之中，本该有瓦器铜镜之类，大约早被人捡去了。

——《致王冶秋的信》（1935 年 12 月 15 日）

图四：执棒（执金吾）门吏 南阳陈鹏汉墓南前室东门柱彩色画像

明木刻大有发扬，但大抵趋于超世间的，否则即有纤巧之憾，惟汉人石刻，气魄深沉雄大；唐人线刻，流动如生，倘取入木刻，或可另辟一境界也。

我的意思，是以为倘参酌汉代的石刻画像，明清的书籍插画，并且留心民间所赏玩的所谓"年画"，和欧洲的新法融合起来，也许能够创造出一种更好的版画。

——《致李桦信》（1935年9月9日）

猛士淑女
仕官当作执金吾 娶妻当得阴丽华

> 汉光武帝少年时，见到少女阴丽华，即产生了爱慕之心；到京城长安留学，看到那些手持木棒的武士，又心生羡慕之情，于是情不自禁地喊出了自己的心声：仕官当做执金吾，娶妻当得阴丽华。

据《汉书·高祖纪》记载："上还，过沛，留，置酒沛宫，悉召故人父老子弟佐酒。发沛中儿得百二十人，教之歌。酒酣，上击筑，自歌曰：'大风起兮云飞扬，威加海内兮归故乡，安得猛士兮守四方！'令儿皆和习之。上乃起舞，忼慨伤怀，泣数行下。"

刘邦在夺得了天下之后，返乡省亲，召集家族中青年120人，奏乐、纵酒、放歌，欢乐至极。但是，刘邦的心既有所愿，又有所忧，那就是希望本家族的青年，能够像自己一样，胸怀天下，驰骋疆场，为国家创造属于自己的辉煌年华。

东汉的开创者刘秀，与其祖宗刘邦相比，则更为亲民。《后汉书·皇后纪》记载:"光烈阴皇后讳丽华,南阳新野人。初,光武适新野,闻后美,心悦之。后至长安,见执金吾车骑甚盛,因叹曰:'仕宦当作执金吾,娶妻当得阴丽华。'更始元年六月,遂纳后于宛当成里,时年十九。"

汉光武帝年少时,见到少女阴丽华,即产生了爱慕之心;到京城长安留学,看到那些手持木棒的武士,又心生羡慕之情,于是情不自禁地喊出了自己的心声!

这些都是家喻户晓的历史故事。还有众所周知的是,汉代不仅总结并传承了远古以来的文明,更是创造也创新了影响至今的具有优秀传统的民族文化。迄今为止,我们的民族称之为"汉族",我们的文化称之为"汉文化",这些都归功于刘邦所创造的那个伟大的大汉时代。

汉代人不仅创新了文化,更是将之书写到史书之中,雕绘在石刻之上。南阳汉画馆中所收藏、陈展的汉画像石中,有着众多的汉人肖像,尤其是青年男女的肖像。这些画面细微处可见衣服的佩饰、人的表情,粗犷处可见整个画面的气韵、人的精神。

与山东等地的汉画像石人物图像相比,南阳汉画像石中的人物图像,多是被雕刻在门扉、墙壁或天顶上面,而且是一块一人,或多块一人。

猛士:保家卫国的汉代武士

根据相关统计,汉画像石有关猛士的画像中:执棒吏(执金吾)36幅、拥彗门吏41幅、执戟门吏44幅、执笏门吏42幅、执盾门吏39幅、执斧钺的21幅、执节官吏7幅、执刀剑9幅、力士类30幅、蹶张类56幅，总计10类，约有316幅。

执棒（执金吾）

执金吾原是汉代京城警卫长官，相当于今天的武装警察。西汉沿袭秦朝制度，将秦朝掌管京师安全军队的衙署称为"中尉"，汉武帝太初元年（前104）改名为执金吾。执金吾的权力很大，掌管着巡查、除暴、督奸等事宜，其秩为中二千石（相当于今天的省部级官员，"中"是指在中央任职，其官俸为每月180斛，年2160石），担任其职的有丞、侯、司马等，其属官有令官中垒（汉代中央警卫机构）、寺互（汉代指主管中央官署的门卫）、武库（贮藏武器的仓库）、都船（掌管水利方面的事宜安全）等。执金吾出行时会携带两端涂成金色的木棒，以象征其权高位重。东汉光武帝刘秀曾经游学京城，见到执金吾威风凛凛，非常羡慕。于是说："仕宦当做执金吾。"汉画像中，有着很多的执金吾军吏画像。（图一～图三）

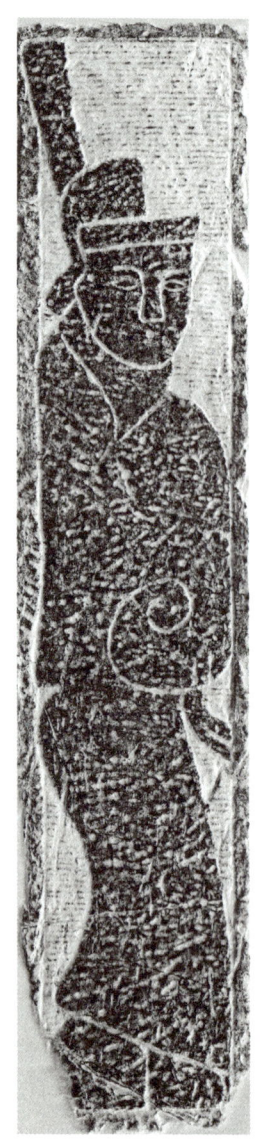

图一：执金吾吏　南阳汉画像石
门吏头戴进贤冠，身着长袍，双手执棒

图二:执金吾吏 南阳汉画像石
门吏头戴刘邦帽,身着交领宽袖襦衣,高靴,双手执棒

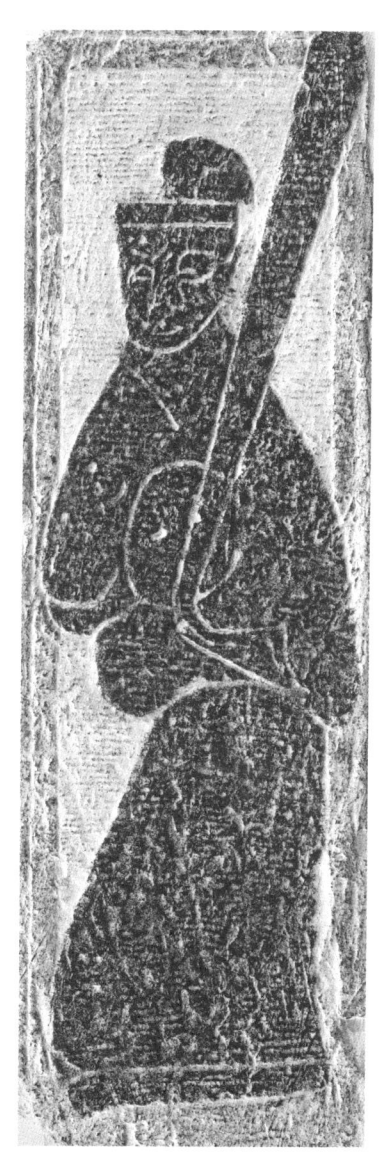

图三:执金吾吏 南阳冉营汉画像石
门吏戴进贤冠,身着长袍,身材微躬,左手执棒

拥彗

拥彗是古代最基本的迎宾礼。其意思就是拿起扫帚洒扫庭除，清洁家园，而后拿着扫帚站在家门口，等待着嘉宾的莅临。

拥彗礼在先秦已经开始。两汉时期，拥彗礼得以广泛的施行。这与汉高祖与其父的故事传说密切相关。

据史书记载，刘邦在夺得皇权之后，每隔五天，都要去拜见自己的父母，请安问好。其父也欣然接受，没有觉得不合适。但是有一天，其父身边的管家提出了意见，说："您的儿子现在已经贵为皇帝，还要给您请安问好，这不合适。您虽然是皇帝的父亲，毕竟属于臣民，让皇帝给臣民问好，不符合礼治。"于是，刘邦再来拜见父亲时，其父则拿着扫帚，边后退，边清扫，以示欢迎皇帝驾临。刘邦见了，赶忙上前搀扶父亲，问清了

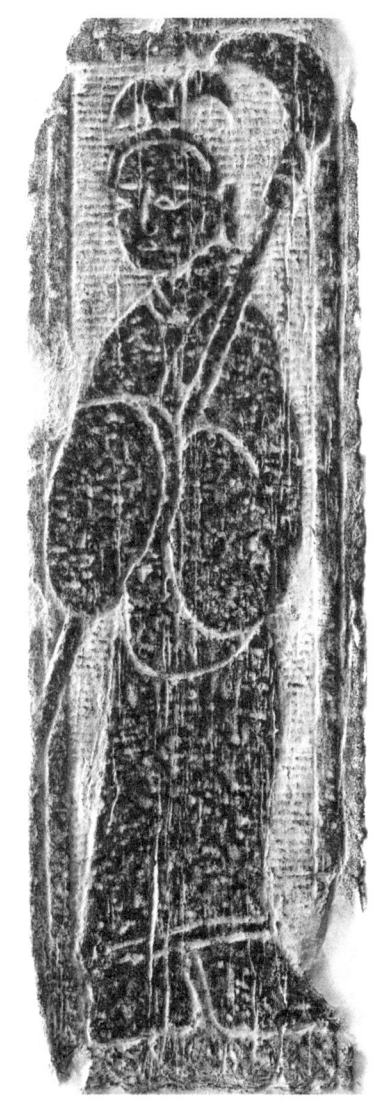

图四：拥彗　南阳中山街汉画像石
青年戴帻椎髻，身着长袍

图五：拥彗 南阳中原机校汉墓门
南立柱东面画像
老年，头戴刘邦帽

图六：拥彗 南阳汉画像石
青年头梳发髻，身着长袍

原因。于是，奖励管家500两黄金。在下次的朝堂上，刘邦面对大臣，表达了自己的意见。他说："人世间最亲近的关系就是父子。父有天下就传位给儿子，儿子则尊崇父亲。我的父亲虽然没有天下，但是他教育我在暴秦乱政、天下动荡、万民遭殃时，能够挺身而出，披坚执锐，带领大家平定暴乱，偃旗息鼓，民众安享太平生活，其功绩是巨大的。现在我已经当上了皇帝，应该给我父亲一个尊号，叫'太上皇'！"

可见，拥彗礼在汉代有着以亲其亲者，尊其尊者的意味。（图四~图六）

 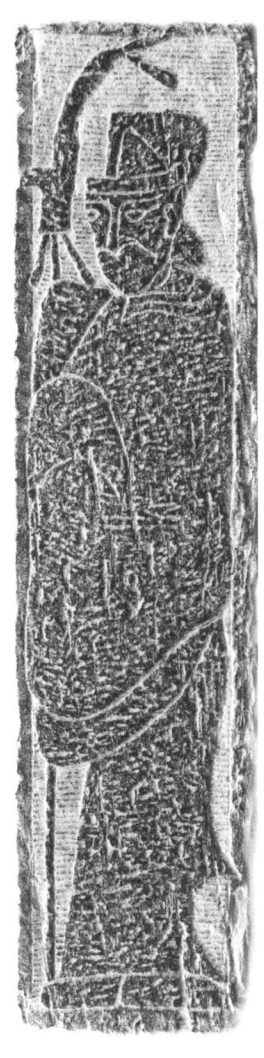 

图七：执戟吏 南阳邢营汉墓画像石
头戴进贤冠，身着尖领长袍

图八：执戟吏 南阳药材市场汉墓后室东门立柱画像
头戴进项，身着圆领长袍

图九：执戟吏 南阳妇幼保健院工地汉墓甬道西立柱左侧面画像
头戴高祖帽，身着交领长袍

执戟

  戟是古代的一种兵器，其形状为一长棍，前端上用青铜或铁制作的尖状利器，其下有月牙状的刀锋。即可用于刺，也可用于钩。执戟吏如执金吾一样，属于侍卫官吏。（图七~图九）

执笏

笏原本是用竹子所做成的板子，长约2尺6寸，宽约3寸。

执笏，则是指大臣上朝时，提前将其谏言书写于上面，以便于汇报给君王；或聆听君王的懿旨，记录在板，以便于下朝后给予施行。《释名》：

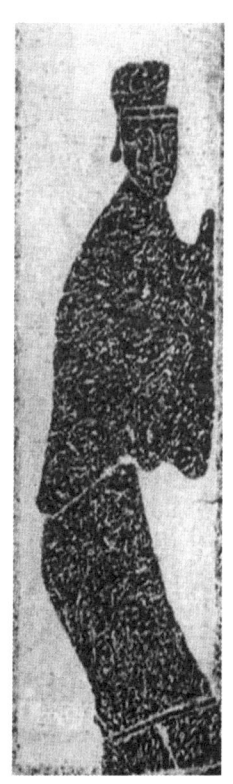

图十：执笏吏 南阳高庙汉墓门扉背面画像
头戴进贤冠，身着交领长袍

图十一：执笏吏 南阳唐河县白庄汉墓门立柱画像
头戴进贤冠，身着交领长袍

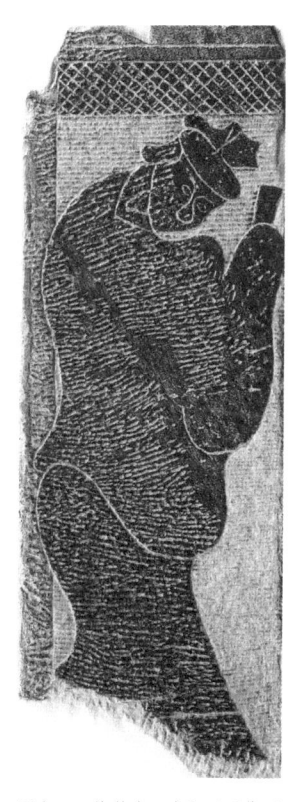

图十二：执笏吏 南阳汉画像石
头戴进贤冠，身着交领长袍

"笏，忽也，备忽忘也。"《礼记·玉藻》："凡有指画于君前，用笏；造受命于君前，则书于笏。"可见，执笏礼当是文字广泛使用时的产物，相当于今天的工作日记本。

随着帛、纸的发明运用，逐渐代替了笏板，而执笏礼则成为拜见的仪式，被演变保留下来。举凡拜谒上级、长者、尊者，都应该使用笏板。笏板的材质则由原来的竹板、木板，提升为玉、象牙。

执笏礼从远古一直延续到清朝，因满族人骑马，要牵马缰、执马鞭，执笏礼则废弃了。汉代作为礼治社会，其拜谒成为经常的行为，执笏礼也成为日常的礼节。（图十~图十二）

执盾

盾是防御性的武器。执盾如执金吾、执戟一样，都是汉代侍卫的标志性装备。

汉画像中的盾，一般有两种形象：一是如图中所标识的，是双手拥盾；还有的是一手执戟，一手提盾的。（图十三~图十五）

执斧钺

斧钺都是古代的兵器，都是系在长柄上的。其区别在于，斧的刀刃较窄，钺的刀刃较宽。斧钺的材质先后有石、青铜、

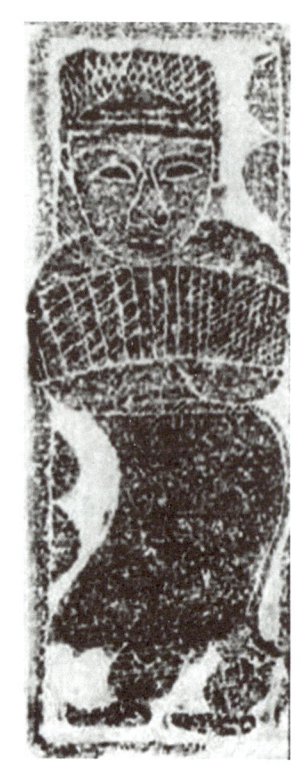

图十三：执盾吏 南阳北关中原机校汉墓门北立柱东面画像 头戴冠，身着圆领长袍

图十四：执盾吏　南阳汉画像石　曾被鲁迅先生收藏　头上方刻绘有凤鸟

图十五：执盾吏　南阳汉画像石　曾被鲁迅先生收藏　头上方刻绘有房屋

图十六：执钺武士　南阳唐河电厂汉墓画像石

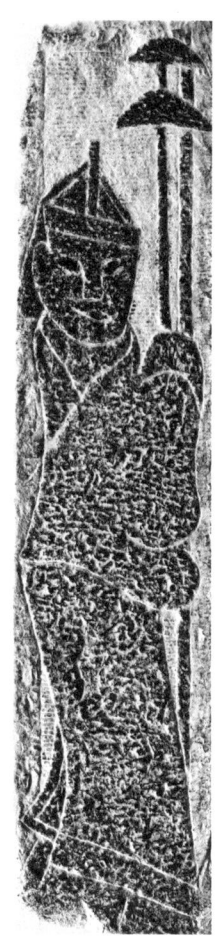 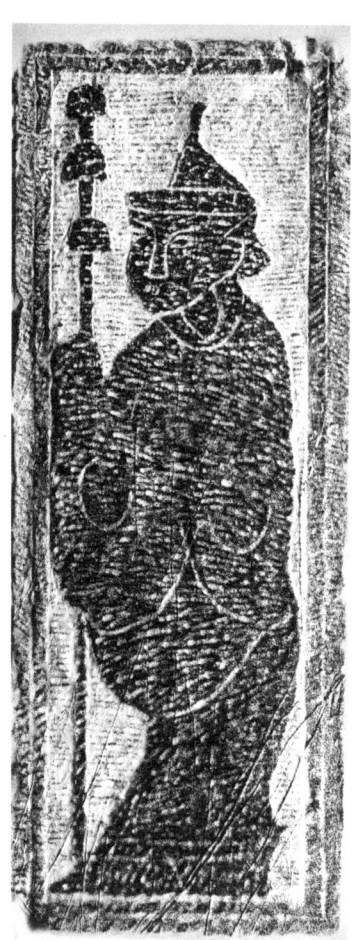 

图十七：持节使者 南阳汉画像石

图十八：执节使者 南阳妇幼保健院东晋墓画像石

图十九：持节使者 南阳陈鹏汉墓北后室北门扉背面画像
官员头梳高髻，紧领长袍，躬身，双手持节

图二十：执刀武士　南阳汉画像石

铁等。斧钺作为兵器，其锋利程度远小于戈、矛，所以在使用过程中，逐渐演变为权威的象征。（图十六）

执节

这里的"节"，是一种信物，用牦牛的尾做成，然后系在长杖上。执节就是奉君王之命行使四方。作为礼节，执节与执笏相反，执笏是以下拜上，执节则是以上令下，执节与执斧钺相同，都体现着权威。《汉书·叙传下》载："博望杖节，收功大夏。"这就是说，张骞奉汉武帝的命令，出使西域，建立了巨大的功勋。《王莽传上》载："以太保甄邯为大将军，受钺高庙，领天下兵，左杖节，右把钺，屯城外。"王莽提拔甄邯作为大将军，带领军队，左手持节，右手持钺，屯兵于城外。（图十七～图十九）

执刀剑

刀剑作为武器，是众所周知的事情。在汉代，刀剑的铸造与冶炼技术，已经非常之高了。根据考古发现，在南阳汉代冶铁遗址中，已经出现了"脱碳成钢"的技艺，由此使得铁艺的运用达到极致。汉代之所以能够驰骋北部草原，南至涨海，其中主要的原因，就是汉代充分利用了铁、钢等器物。由于多次冶炼锻造，使得易脆易折的铁变得柔性十足，很轻易地躲过蒙古草原人的攻击，并对其一击中

043

图二十一：佩剑小吏 南阳唐河汉河汉画像石

图二十二：佩剑执盾吏 南阳唐河汉郁平大尹墓南阁室北壁东部画像

的，使其败落。所以，张骞出使西域，卫青、霍去病抗击匈奴，乃至于东汉与西域的交通三绝三通，都与冶铁技术的发展相关。汉代考古中，其环首刀长刃有余，至今让人望而生畏。汉画像中，有很多佩刀佩剑的画面，非常值得玩味。（图二十~图二十二）

图二十三：凤鸟·扛壶力士　南阳方城博望镇汉墓画像石

图二十四：托举力士　南阳唐河电厂汉墓东主室西壁横梁下立板画像

图二十五：捧盒力士　南阳方城博望镇出汉画像石

力士

汉承秦制，除了制度方面的军功爵制之外，社会生活之中，也特别崇尚力量，所以，汉画像中有很多力士形象。（图二十三~图二十五）

 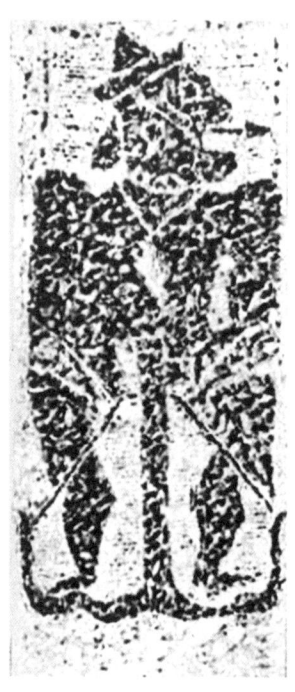 

图二十六：衔箭蹶张　南阳英庄汉墓画像石

图二十七：衔箭蹶张　南阳王寨汉墓画像石

图二十八：衔箭蹶张　南阳唐河县湖阳辛店汉郁平大尹墓画像石

蹶张

　　蹶张是一种发射弓箭的技术，弓箭的运用是从远古就开始的，古人运用弓箭狩猎御敌。汉代时，弓箭技术得到重大的发展，将单纯弓箭攻击改变为两个环节，即安放箭镞与发射箭镞，这就是弩机的发明。弩机的特征是射程远，准确率高。其不足是须提前准备且需要力量，尤其是将弩机的弓弦拉开的力度要大。所以，在汉代的攻击军队中，就出现了专门拉弓的士兵，这就是所谓的"蹶张"。《汉书·屠嘉传》："以材官蹶张，从高帝击项籍，迁为队率。"唐颜师古注："今之弩，以手张者曰'擘张'，以足蹋者曰'蹶张'。"汉画像中，蹶张的画面非常之多。（图二十六~图二十八）

淑女：持家有方的窈窕汉女

汉画像石中，有关淑女的画像，或端灯，或提壶，或执镜，或捧香薰，有 70 余幅。（图二十九~图四十）

邻家小妹

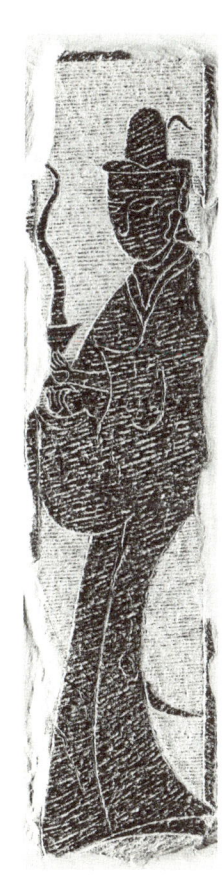

图二十九：捧奁少女　南阳石桥汉墓南主室门南侧正面画像

图三十：捧奁提卣少女　南阳十里铺汉墓后室北壁西柱东侧画像

图三十一：端熏炉少女　南阳征集画像石

图三十二：端灯少女　南阳七里园汉墓西门柱画像

贵妇

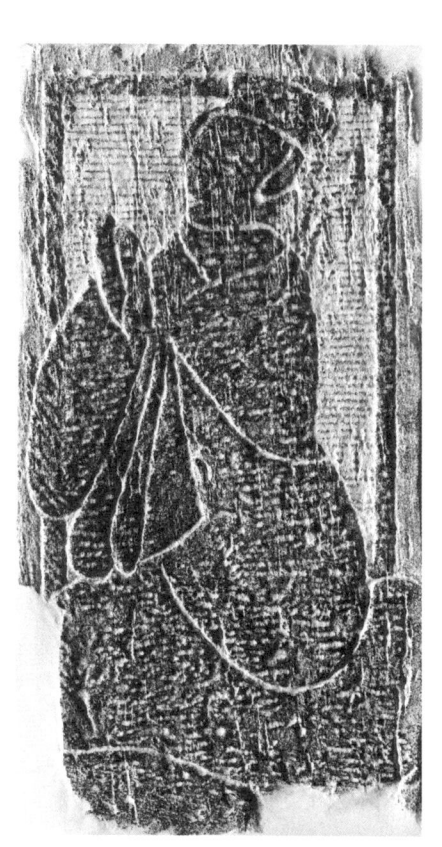

图三十三：居家少妇　南阳麒麟岗汉墓画像石　　图三十四：祈祷夫人　南阳麒麟岗汉墓画像石　　图三十五：带孩夫人　南阳方城博望镇汉墓画像石

图三十六：照镜夫人 南阳英庄汉墓主室中门柱正面画像

图三十七：居家少妇 南阳麒麟岗汉墓画像石

贵族小姐

图三十八：贵族小姐 南阳十里铺汉墓后室南壁西柱东侧画像

图三十九：贵族小姐 南阳十里铺汉墓后室南壁西柱西侧画像

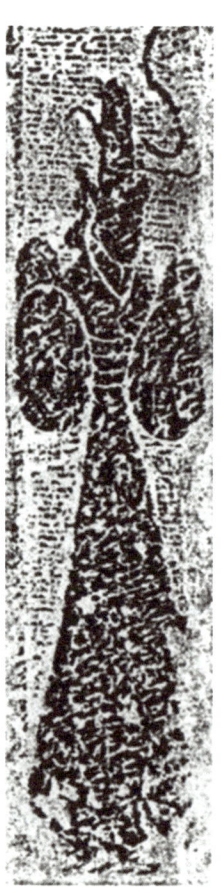

图四十：贵族小姐 方城博望镇汉墓画像石

地灵人杰：楚风汉韵养育的文化精神

考察南阳汉画馆藏品中的男女图像，可以发现汉文化的特征：

第一，汉代社会虽然提倡男女平等，甚至给予女子很大的自由，但实际上，汉代社会依然是一个男权社会。以汉画像石为例，其中男女图像的比例，无论是数量也好，或是内容也好，女子只占三分之一。

第二，汉代社会的文化源泉当为楚文化。众所周知，汉承秦制，但主要是指政治制度上的法律制度、财政制度与"军功爵制"，因为这方面秦王朝是成功的；但在思想文化上，即国民教育、文化治国方面，秦王朝不甚成功。刘邦赢得天下后，陆贾一再提醒其马上只可以得天下，不可以治天下。刘邦由此即接受了叔孙通的儒家礼制理念，同时也接受了楚文化的养老敬老的传统。汉画像石中，大量的拥彗图像，即说明了这一点。而从南阳区域文化的角度来说，汉代文化治理理念的实施，主要是源自刘邦曾经接纳了南阳，南阳也认可了刘邦。原来刘邦与项羽决战，途经南阳，在南阳太守吕琦的幕僚陈灰的斡旋下，获得灭秦的共识，南阳因此成为刘邦得天下所需的物质财富、军事人才与智慧策略的根据地。当然，南阳也因此赢得了宝贵的和平发展时期，以至于成为汉代重要的商业、工业乃至于文化的重镇。也因为这个原因，南阳作为先楚文化的发祥地，其文脉得以传承。

南阳楚文化在汉代的显现，除了汉画像石中的拥彗之外，还有以下图像值得注意。

南阳汉画像中的女子图像，多是以细腰展现，这一如上面所举之例。《墨子·兼爱中》："昔者楚灵王好士细腰，故灵王之臣皆以一饭为节，胁息然后带，扶墙然后起。比期年，朝有黧黑之色。"

图四十一：熊·端灯少女 南阳征集画像石

图四十二：熊·执钺武士 南阳熊营汉墓主室门中立柱东侧画像

图四十三：熊·执钺武士 南阳熊营汉墓主室门中立柱西侧画像

南阳汉画像中的熊图像，是以楚先王的熊姓的图像展现。楚始祖鬻熊曾经辅佐周文王、武王夺得天下，因此周初分封，将其分到秦岭东南部的蛮荒之地南阳盆地的丹淅流域。其孙熊绎始到封地，开荒种地，开疆扩土，逐渐壮大起来。后继楚王进一步向南部扩展，将楚国建成为强大的能够与秦抗衡的大国。《左传》载："昔我先王熊绎，辟在荆山，筚路蓝缕，以处草莽。跋涉山林，以事天子。"司马贞《史记索隐》载："鬻熊之嗣，周封于楚。僻在荆蛮，筚路蓝缕。"

职此之故，南阳汉画像石中有许多熊的图像。其构图多是双脚直立，双臂展开，阔口笑颜。看来是憨态可掬，十分可爱。熊的出现，多是作为配图，与其他图像在一起，如门扉的门吏、端庄的女子、蹶张的力士（图四十一~图四十三），也可能是始祖神的崇拜原因，熊图像一般有着神话的意味。

南阳汉画像石中的凤鸟图像，同样也说明了楚文化的特征。原来，楚先王虽然为鬻熊、熊绎等得姓为熊，而其之前为芈姓，是祝融氏的后代。传说祝融化身为凤鸟，因此，楚人出于对始祖神祝融的崇拜，喜爱并敬仰凤鸟，将凤鸟看作是天神赐福的吉祥圣物。《楚辞·大招》云："魂乎归徕，凤凰翔只。"在先秦楚文化所出土的青铜器物、丝帛上，有

图四十四：鸟衔鱼·执钺武士
南阳方城博望镇汉墓画像石

图四十五：鸟·执棒门吏 南阳英庄汉墓墓门东立柱正面画像

图四十六：赤裸决斗力士 南阳城东南张堂村收藏画像石

着众多的凤鸟纹饰。汉画像石中，凤鸟的图像更是数不胜数。有作为配图出现的，也有单独出现的；有作为飞翔象征出现的，也有作为南方、四神形象出现的。在这里，只列举与人物有关的汉画像。（图四十四、图四十五）

第三，汉代的历史文化有着自身的时代精神，这就是奋勇拼搏、勇于进取，拥有着蓬勃的生机。这种生机

图四十七：熊·蹶张　南阳唐河汉郁平大尹冯君孺人墓南阁室南壁中下方画像

源自秦文化的制度砥砺，也生成于汉人的赤诚自觉。这种精神在汉画像石中，有着非常鲜明的展现。如图四十六，画面为两位力士，赤裸决斗，一力士将另一力士摔倒，被摔倒的力士蹲在地上，呼呼喘气！

由秦楚交织而生成的汉文化，不仅仅其时代精神豁然明朗，而且凝聚成影响至今的汉文化内涵及其精神。细而抒之，汉文化的内容主要在于：去妩媚，尚勇力；讲人情，尚智慧；讲实用，守规矩。汉文化的精神主要在于：人文主义与理性思维的有机结合；崇儒、尚道、纳佛，兼收并蓄，多元归一；崇文尚武，爱和平，求进步。回过来讲，汉文化在汉画像石中的体现，正如汉画像中上述所列举的"凤鸟·武士""熊·武士"画像。再如图四十七的"熊·蹶张"画像，更能展现秦楚结合的汉文化特征。

生产生活
饮食男女的幸福人生

> 汉代南阳经济的发展水平非常高,尤其是这里的工商业、货币铸造与冶铁业,皆领先国内水平。汉代南阳城市内的居民,其生活方式已经走出农耕,偏向工商业了。

按照唯物史观,物质资料的生产与再生产,是人类社会生活的基础,也是推进历史发展的基本保障。汉代南阳经济的发展水平非常高,相当于今天的北上广。其时,南阳郡的人口约有250万,粮食生产充足,其亩产平均可达140市斤;尤其是这里的工商业、货币铸造与冶铁业,皆领先国内水平。汉代南阳城市内的居民,其生活方式已经走出农耕,偏向工商业了。

《盐铁论·力耕》记载:"宛、周、齐、鲁,商遍天下。"

《盐铁论·通有》记载:"燕之涿、蓟,赵之邯郸,魏之温轵,韩之荥阳,齐之临淄,楚之宛、陈,郑之阳翟,三川之二周,富冠海内,皆为天下名都,非有助之耕其野而田其地者也,居五诸之冲,跨街衢之路也。

故物丰者民衍，宅近市者家富。富在术数，不在劳身；利在势居，不在力耕也。"

汉代南阳经济发展的情形，在汉画像石中有着十足的展现。

农耕图：虚实结合的丰收期盼

汉代南阳虽然是经济高度发达的地区，但是，农耕生产这种繁重的体力活，却属于寻常百姓的事业；对于那些世家大族来说，只要拥有土地，能够有租可收，即可过上富有生活。由此，南阳汉画馆的藏品中，反映农耕生产，仅有以下几幅而已。

牵牛拉车，运肥至地，收获到家，这在传统的农耕社会中，其功用是不言而喻的。"农作·龙虎戏·舞乐百戏图"与"熊戏龙牛·阉牛图"，却有着很深的意蕴。（图一、图二）

图一：牵牛　南阳英庄汉墓西主室门楣背面画像

图二：耕车　南阳英庄汉墓东主室门楣背面画像

图三：农作·龙虎戏·舞乐百戏　南阳邢营一号汉墓画像石

"农作·龙虎戏·舞乐百戏图"（图三）画面分为三层，其底层为有两部分，右边是农作图，长满禾苗的农田里，农夫正在躬身锄草；农妇高髻长襦，右肩扛锄，柄端系一壶罐，锄部挂一篮状物，显然是为其辛勤锄草的丈夫送食物来了。左边是龙虎戏，龙虎相向奔驰，追逐中间的小人，即"女魃"，女魃挥手挣扎。在这里，女魃无疑是干旱的象征。龙虎分别是阴阳的象征，龙虎相戏，意味着阴阳协调，风调雨顺。因此，这幅构图表露了勤耕多劳、风调雨顺、粮食丰收的愿望！中层为"熊·虎伏魔"图，帷幔之中，白虎昂首翘尾，瞋目怒视，在其浩然正气直抵之下，其面前象征着魔鬼的黑虎，不堪其威压，低首、弓背、夹尾巴，呈现出认输的形象；白虎身旁的熊，则欢欣跳跃。上层为"舞乐百戏"图，右边端坐四人，一人吹埙，三人吹排箫；中间为男伎跽坐，执桴击鼓；左边为一女伎倒立起舞，一女伎长袖曼舞，一男伎舞步杂耍，其细节已经漫漶不清了。整幅画面所显现的，是庆祝或祈祷五谷丰登、安居乐业、歌舞升平的太平景象。另外，在雕刻艺术上，这幅画分层而作，各层之间的画面，既独立成篇，又构成一个整体。这与山东等地分层汉画的画面关联疏离相比，可以显示出南阳汉画的个性特征。

"熊戏龙牛·阉牛图"（图四）画面中部为一熊，两耳高耸，戴刘邦帽，这表明是以熊为表征的力士；熊右手戏龙，左手轻按牛角。牛奋力抵抗，左后腿扬起欲踢；巧于此时，一力士赤背伸手，左手抓着牛之蛋卵，右手捉刀割之。这幅画的艺术特色非常鲜明，其着笔点非常精确，线条非常明晰，尤其显得气韵大气、生动，非常有震撼力。举目而望，龙的灵巧，

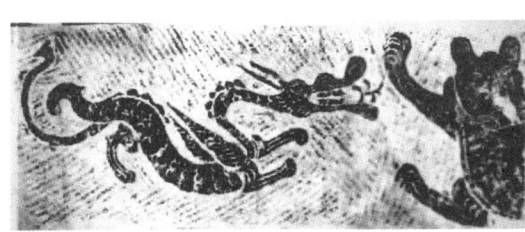

图四：熊戏龙牛·阉牛　南阳方城东关汉墓右上门楣画像

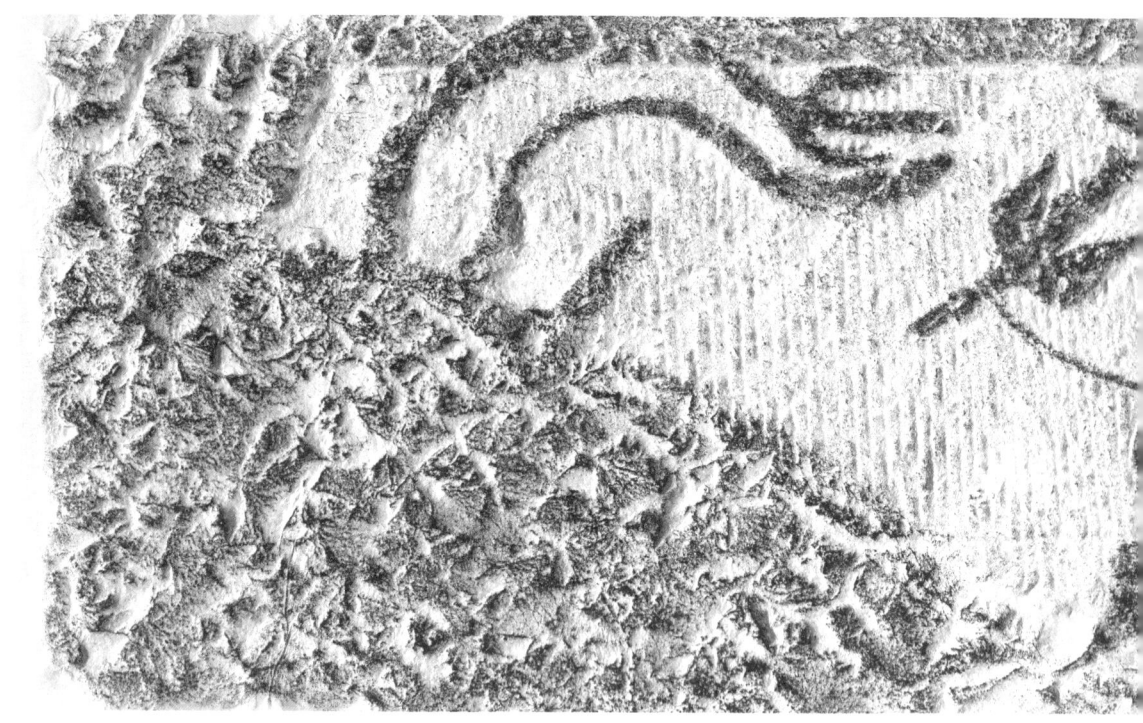

图五：弋射　南阳靳岗乡汉墓画像石

牛的劲笨、熊的憨态与阉者的奸诈，可谓是浑然一体，跃然画面。另外，其所蕴含着的意义，更值得考究。一方面，将公牛去势，可以增加其负重的力量，更有利于农耕生产，这在商周时代已经为成熟的经验。《周礼·校人》曾说"颁马攻特"，就是将公马阉割的意思；另一方面，这幅构图还有着很深的哲学意蕴。原来，在汉画的构图中，常常是龙虎戏或虎牛戏。也就是说，在汉代工匠的心中，龙与牛是属于同一种属性的，是阳，是生机，是张扬；而虎的意味则是阴，是萎缩，是收藏。在这里，作者将龙、牛安置在一起，其表层的意思是公牛将要去势，转阳为阴，而其深层的希望依然是通过人为技术手法，改变自然中的不利因素，实现阴阳调和，风调雨顺，粮食丰收的愿望。由此，"熊戏龙牛·阉牛图"不仅表现了汉代农耕技术的进步，更表现了汉代人遵从规律，创造历史的信心与勇气！

狩猎图：休闲娱乐的军事寄托

南阳经济的繁荣，已经养育了众多依靠工商业生活的业主；东汉之后，又因南阳成为都城洛阳的陪都，很多的官员、贵族或出身于此，或云集于此。这些官员或贵族，虽然不事农耕，但是他们有着比农耕更为原始，当然也更有意义的事情，这就是聚众狩猎。狩猎不仅锻炼了身心，而且有着比农耕更快捷的收获，有着在和平时期军事征战的体验。南阳汉画馆中，有着各类狩猎图。

图五：画中有两个猎人，一人正弯弓射雁，另一人手持猎获之雁大步行走。画上部有一行大雁凌空飞翔，其中一只已被猎者射中下坠。

图六、图七：两幅画内容一致，都是画中刻一株大树，或夏树枝叶茂密，或冬日枝杈耸直，树上有鸟儿。树下有挽弓放箭的猎人，正瞄准之。

图六：射鸟　南阳汉画像石　　图七：射鸟　南阳汉画像石

之前有一说这是后羿射日，显然是不准确的。联系到其时民俗是将鸟儿看做"雀"（爵的同音），那么，猎鸟作为普遍的社会现象，除了直接得到鸟儿的肉体外，还有其民俗的意蕴，即作为一种祈福仪式，祈求官爵。

图八：一条河流淌在两山之间，左面山峰层峦叠嶂，山林中有藏身的巢鸟，二鹿奔逃，一猎犬追逐；河里有小船，一人站立船头撑船，一人站在船尾撒网捕鱼；河面上架设有拱桥，桥上二人，各执一长杆，杆头系有绳，绳中为罟（网），好像奋力掷向河水中的鱼儿。

图九：两个猎人，束发高髻，一人手持弩，一人肩扛大棒，从容自在地吃喝着，三只猎犬奔驰追捕两只狐狸，大狐狸逃至山巅，回头观望，小狐狸正在爬向山坡，而一只猎犬张开嘴巴，奔向小狐狸。其中，狐狸的惊恐，猎犬的凶猛，与猎人的从容，构成了动静结合，张弛有序的景象。

图八：捕鱼　南阳英庄汉画像石

图九：猎狐　南阳英庄汉画像石

图十：捕鹿　南阳原政府大院汉画像石

图十：画面左侧，两山峰突兀，有两只小鸡觅食，一只长尾鸟飞向天空，一只鹿藏身山林里，一只小鹿奔驰游玩；画面右侧有一只奔逃的野猪和一头鹿。整个画面有静有动，既闲适又紧张，读来隽味无限。

图十一：捕鹿　南阳英庄汉墓东主室西壁左上方画像

图十一：画面为山野之间，右部分一人骑马挥鞭，一人伸箭追，两只猎犬纵驰，都在围追三鹿，三鹿奔逃而去；左侧则有一猎者，站在轺车上挥旗指挥。这幅画充分利用了透视学的原理，原来按照雕刻者的意思，狩猎的场景是在山丛的背面的荒野中进行的；左侧中部的山丛，其实需要透视而过，是山野的象征。

图十二：崇山峻岭之中，猎者在画面右侧挥手命令三只猎犬，围堵兔子。猎犬的纵身直追、张口欲咬，以及奔驰中的回首拦截，分别以

图十二：捕兔　南阳七一乡王庄汉墓画像石

图十三：捕鹿、兔　南阳七一乡王庄汉墓画像石

图十四：伏虎捕獐　南阳草店汉墓门南楣正面画像

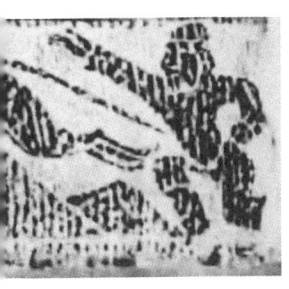

直线、半圆的线条予以展现；又以几个三角形象征山峦起伏，可见其雕刻之技艺，不仅技法娴熟，更充满蓬勃的想象力。

图十三：崇山峻岭中，野兔隐匿草丛中，一鹿正奔驰逃命，其后为牵犬持戟者紧追，其前为半蹲挽弓射箭者所瞄准，还有一骑马者从侧面来。画面中，猎者的势在必得、小鹿的奔逃无处，以及藏匿草丛中的小兔的惊恐，可谓是形格势禁，令观者动容。

图十四：画面中部，为一猛虎，驻步昂首怒吼，其右为骑猎者挽弓搭箭，指向猛虎，其左为一猎人手持长矛，弓步奋力刺向猛虎。画面左侧则为二猎犬穷追一獐。

捕猎得兽，原本就是人类生活中仰仗自然的基本方式。但是在南阳汉画馆的狩猎图中，狩猎者往往官服正装，从容优雅，团结协作，可见其捕猎的目的，不仅仅是为了捕获猎物，而是通过捕猎来休闲娱乐，体验战法，是寓军事演戏于捕猎娱乐中的生活方式，是南阳贵族的休闲模式。

宴饮图：鸡鸭鱼酒的肆意奢华

与山东、江苏等地汉画像石众多的庖厨图相比，南阳汉画馆的庖厨图比较少见。仅有的几幅图像，彰显着南阳汉代人的饮食及其方式的特色。

图十五：这幅祭案，其拓本曾为南阳著名学者孙文青先生所收藏。祭案上刻几案，案上刻两只鸭、两只鱼。

图十五：鸭鱼祭案　南阳新店石桥汉画像石

图十六：鼓舞飨祭案　南阳汉画像石

图十七：厨房　南阳市英庄汉墓画像石

图十六：与上幅祭案相比，这幅复杂一些。画面上部为乐舞，右侧为两人击打建鼓。下部刻几案，案上有盘中鱼，很大，其头尾伸出盘外；耳杯两个，鸡、鸭、鹅各一只，面点三份，羊肉串一串。

图十七：厨房内，墙壁上挂着猪后腿、肋条肉，一厨师在案上切肉，一厨师在灶前掌勺。

图十八：厨房内，里面放着蒸笼，案几上放着两釜、两碗，一厨师梳堕马髻，宽袖紧身短襦，手捧一钵。

图十九：餐厅为栋梁式庑顶建筑，由下至上，门口的柱子上系着看门狗，里面有三个案几，依次摆放的是碗三只、多层食盒一个，箪两个，提梁壶两只，酒樽一个，耳杯六个，盘子五个。

图二十：画面三人，一女高

069

图十八：料理间 南阳英庄汉墓画像石

图十九：餐厅 南阳英庄汉墓画像石

图二十：赴餐 南阳高庙汉墓墓壁画像

髻宽袖细腰阔裙，手捧汤碗；一女高髻短袖襦裙，右手提壶，左手有物，回首低眉召唤身后的孩子，孩子则梳堕马髻，短衣长裤，手捧食盒，仰脸回应女子。整个画面，俨然一幅走向厨房，将去进餐的景象。

图二十一：投壶饮酒　南阳七里园乡沙岗店汉画像石

图二十一：投壶是汉代宴请宾客时常见的一种饮酒娱乐游戏。画中刻一壶，壶旁宾、主二人各抱数矢轮番投壶，投中者赢，不中者输，输者罚饮酒。画右一人为司射（裁判），正在履行其监督职责。画左有一男子被侍者搀扶，与其他男子相比，他身材壮硕、脸面庞大。这是汉画像石雕绘技法的一种，即通过占据画面的面积，也就是通过体量来宣扬其地位之高与价值的巨大。在这里，显然是用大面积的体量，表示饮酒者已经喝醉，站不稳，需要人来搀扶。

上述的图像，可以归为三类：两幅祭案为一类，透露了汉代人日常所用的珍贵食品当是鸡鸭鱼肉；庖厨、餐厅为一类。表明汉代人饮食的豪华阔绰；赴餐、投壶饮酒为一类。前者说明家居生活中，女子的生活状态，后者则说明日常交际活动中，男子宴饮的欢乐、醉酒的状态。

楼阁图：养育身心的实体家园

人类文明演进的历史，有很多的标志。但是其第一个标志，无论中国，还是西方，都是安居，即有安定环境，温暖的住房，才能安放奔波劳碌、欲念无尽的心之载体——身躯。西方学者规定了除青铜冶炼技术、文字的发明与使用之外，人类进入文明的标志最主要是城市的出现。在城市中房屋作为人们休息的场所，不仅是休息、养生的福地，更是承载着人类文明密码的最为原始的信物。

海子有诗："我有一所房子，面朝大海，春暖花开！"

这是诗人的梦想，也是人类文明的共同期盼。

那么，大汉王朝的人们又是怎样居住，怎样建筑家园的呢？

图二十三：楼阁 南阳杨官寺汉墓南侧室门柱侧面画像

图二十二：楼阁·斗牛·白虎 南阳杨官寺汉墓南主室门扉正面画像

楼阁建构：休息养身的豪迈福地

图二十二：画面分为上下两层。上层为楼阁，刻绘四层斗拱结构的阁楼，楼顶有凤鸟落驻，大门为实用性的铺首衔环把手，右侧刻有侍卫。下层为庭院，刻牛、熊、人戏斗，白虎蹲卧，笑眼阔口，甚是可爱。

图二十三：画面为双层楼阁，门扉两侧，分别刻有柏树。

上述两幅出土于南阳杨官寺的汉画像石，其主要特点在于雕刻技法，采用的阴线刻、阴面绘的方法。其技法之流畅、优美，与剔地浅浮雕的技法相比，可以说是独具特色。

图二十四：画面为两层。上层为房屋楼阁，斗拱结构，门扉有铺首衔

图二十四：阁楼·铺首衔环 南阳赵寨砖瓦厂汉墓门门扉正面画像

图二十五：楼阁·铺首衔环 南阳唐河县石灰窑汉墓门门扉正面画像

环，阁楼为双层；下层菱形纹饰，表征的是石块所铺成的地面。

图二十五：这两幅画像很有意思，充分展现了汉代人居住的情形。画面分为两层，上层为栋梁式的房屋，左右各布置一组双层阙、柏树；下层为铺首衔环。平面视角，这就是汉代寻常的建筑图像。如果用透视原理，立体地看来，则依次为：柏树、双层阙、大门（铺首衔环）、房屋、屋内的主人、双阙及房屋上飞翔的雀鸟。这里的铺首衔环、阁楼体量大，主要彰显其重要。

075

图二十六：房屋·青龙白虎　南阳白滩汉画像石

图二十七：楼阁·人物　南阳唐河针织厂汉墓前室北壁下方画像

图二十六：画面为一官员执笏来拜见，门半开，主人侧身出来迎接。屋顶为横脊分水式结构，其上有阁楼，楼上有侍卫张望；屋外左右两侧的立柱上分别刻有青龙、白虎，意思为有圣灵庇佑。

图二十七：画面房屋两侧各有单层阁楼，斗拱结构。殿堂内主人跽坐，艺伎表演迭次倒立，乐者在两侧演奏。屋顶上有双鹤落驻，楼顶上外有双凤翩翩飞舞，内有羽人盘旋起舞。

077

图二十八：阙·房屋·人物　南阳唐河汉郁平大尹墓南阁室北壁中下方画像

汉阙：由汉至今的地标性建筑

　　图二十八：画面房屋两旁各设置双层阙，房屋为庑殿式结构，屋内榻上，坐着两个夫人，其身边有侍女捧奁盒以妆梳，门外有两位执笏官员求见。

铺首衔环：实用把手与辟邪功能的结晶

铺首衔环，当是传统门环的装饰，也是今天所说的拉手，在汉画像中出现最多、最广泛。

作为门环的拉手，实用功能不言而喻。在古代，铺首衔环更有着远古的历史文化寄托。

传说黄帝与蚩尤征战，黄帝打败了蚩尤。蚩尤部落的民众非常伤心，整日哭哭啼啼，希望报复黄帝。黄帝征得谋臣的建议，画出蚩尤的嘴脸，悬挂于门户。蚩尤部落的民众见到蚩尤已经归附黄帝，于是不再闹情绪，顺从现实，归附了黄帝。"衔环"即戴上环扣，表示被征服、被屈服。传说蚩尤部族的图腾是牛，现实社会中，耕牛都是被戴上龙头，即嚼扣的。

门面上悬挂铺首，既有实用功能，也表现对蚩尤部族的镇压传统，更具有辟邪的愿望。

当然，汉代思想的发达，远不止于此。所以，汉画像中往往会出现"铺首衔环+"的画面，或者是凤鸟，或者是白虎，或者是其他吉祥物，总之，寓辟邪于希望之中，可谓是汉代人社会生活中的基本祈盼。

图二十九：凤鸟·铺首衔环　南阳蒲山2号汉墓西墓门门扉正面画像

　　图二十九、图三十：这两个门扉画像，其形制大体相同，皆为一凤一凰；后一对加了菱形纹饰，象征门前的地面。

图三十：凤鸟·铺首衔　南阳英庄汉墓西、东墓门门扉正面画像

图三十一：这对门扉在铺首衔环之下，分别加刻了执斧武士、羽人与白虎。

图三十一　凤鸟·铺首衔环　南阳方城东关汉墓北墓门南、北门扉正面画像

图三十二：这对门扉下面所添加的分别是豹、白虎。

图三十二：凤鸟·铺首衔环　南阳方城东关汉墓南墓门南、北门扉正面画像

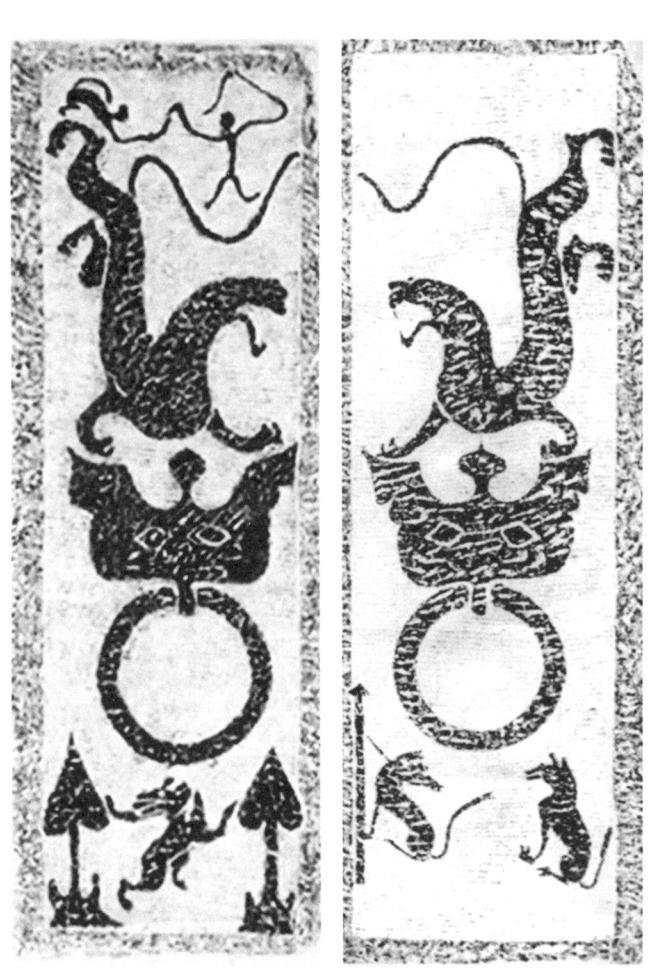

图三十三：白虎·铺首衔环　南阳熊营汉墓东墓门西、东门扉画像

图三十三：画面白虎·铺首衔环之外，在第一幅上面添加了仙人戏猴，其下面添加了柏树、熊；第二幅则在下面添加了双犬。

图三十四：龙虎·铺首衔环　南阳方城东关一号汉墓墓门门扉画像

图三十四：画面龙虎·铺首衔环居中，一是翼龙居上，其下为熊；一是白虎居上，其下为奔牛。整个看来，则是青龙与白虎戏斗，熊与牛戏斗。

085

图三十五：这幅汉画的特殊性在于：一是将两幅门扉的画像，放置在一张石面上；二是给铺首衔环添加了人熊戏、龙虎戏与常青树。

图三十五：铺首衔环　南阳方城汉画像石

图三十六：军队车骑出行　南阳唐河湖阳汉画像石

车骑拜谒：驱车策驽马，游戏宛与洛

乘车招摇，耀武扬威，当是国家强大、社会和平常态下人情的自然展现。远古的丹朱，《尚书》记载其爱好即其罪过就是"漫游"；西周的穆王，则是乘辂车游历四方，甚至贪恋西王母的美貌，不愿回归王宫；秦王朝的缔造者秦始皇统一国家之后，更是巡游各地，显其威风，以至于年少的贵族项羽、顽童刘邦都钦羡不已。由此，汉王朝的创立，尤其是长期的和平生活使一部分富裕成贵的人们，炫富示威心理自然萌发，而自身的财富累积与国家政策（军功爵制与察举选官制）的激励，造成了两汉社会的普遍现象：即车骑出行与拜谒攀附。《古诗十九首》中，有诗句调侃"驱车策驽马，游戏宛与洛""何不策高足，先据要路津"。南阳汉画馆的藏品中，有很多这方面的珍品。

车骑出行：耀武扬威的傲骄风气

汉画中的车骑出行，按其画面的含义，大致可以分为五类，即军队的、赴宴的、巡视的、出殡的，以及张骞的西域出行。在这里，先介绍前面四类，张骞出使西域的画面，放在后面专门介绍。

图三十六：画面当是军车出行，由右至左，前面为两个武士导行，一个武士肩扛执金吾步行，一个武士肩扛长戟骑马而行，其后为二人各骑一敞车奔驰。

图三十七：画面也是军车出行，由右至左，前为两名导骑，中间为奔驰的轺车，其后还有两名肩扛长戟的武士。

图三十八：画面军队由右至左行进，肩弩导骑各二，后随的，一个为鼓车、轺车，以及扛枪随从；一个为轺车两辆。

图三十七：军队车骑出行　南阳唐河一中画像石

图三十八：军队车骑出行　南阳唐河针织厂汉墓门楣背面画像

图三十九：画面由右至左，戴胜贵妇宽袖细腰长裙，送丈夫从军，其左为执节官员，其右为其师从；两武士，一人肩扛长戟，一人肩扛弩机，徒步前行，两骑马武士，一人手持长戟，一人手前马缰，呼唤而去；丈夫赤膊双手持长刀，阔步紧追而去。可以说，这幅画将车马出行的画面，回归到了男子从军保家卫国、女子在家耕织养家的生活场景之中，令人油然而生敬意。

图三十九：送夫从军行　南阳唐河电厂汉墓西门楣背面画像

图四十：赴宴车骑出行　南阳七孔桥汉画像石

图四十一：赴宴车骑出行　南阳七一乡沙岗店汉画像石

图四十二：巡视车骑出行　南阳唐河针织厂汉墓画像石

图四十：画面分为两部分，其右侧为车骑出行，由右至左奔驰而来，导骑有三，辎车由三马牵拉，表明乘车者级别较高，车上有驾驭者、乘车者，车后随驾骑兵护卫两组各三，其中前排两人正回首挽弓搭箭欲射，后排当仍有车骑跟随。画左侧为舞乐百戏，依次为奏乐者、倒立者、杂耍者、长袖舞者、执钟者、戏鼓者、吹埙者、擂建鼓者。可见，奔驰而来的车骑，当是从战场下来，奔赴宴饮的欢乐生活的。

图四十一：画面分为上下两层。下层为车骑出行，由右至左，肩扛长戟的导骑有二，两辆车，前者是辎车，后为轺车。车队之前，一身材肥胖者拱手相迎。上层为宴饮百戏，右侧为两尊者坐于榻上，中间摆放着圆形食案，案上有七只碗，一厨师手捧食盒走来。中部及左侧为百戏，依次为弄壶者、狗面具跳踏盘舞者、鼓掌打节奏者、击双节者、执桴击鼓者。由此，这幅画当理解为，下层是做客来赴宴的，上层是宴饮之中。

图四十二：画面为导骑三，敞车三，正在行进拐弯时，前有官吏执笏相迎；一妇人宽袖短襦，长裤，赤脚，一手牵赤裸上身的小孩，一手牵一名宽袖紧身长裙的女子，女子倾身向右，好似痛不欲生，冤屈之至。因为拦车叫冤是突然发生的，拉车的马、单骑的马，乍然受惊，昂头嘶叫。可以说，这是汉画像石中仅见的，带有政治巡视意味的画面。

图四十三：出殡车骑出行　南阳唐河汉画像石

图四十四：出殡车骑出行　南阳唐河电厂汉墓两门楣石正面画像

图四十三：画面出行，从左至右，导骑有三，高举灵幡奔驰在前，其后为轺车三辆，皆为驾驭者、乘坐者，其后有随从骑者。

图四十四：画面为导骑肩扛灵幡，其后为轺车六辆，车中有驭驾者，乘坐者，车骑过处，有执柏枝者在路旁祈祷。

拜谒访学：何不策高足，先据要路津

秦王朝之所以能够迅速歼灭东方六国，实现国家一统，除了强大的经济与军事因素，主要是制度方面的创新，即突破传统的血缘分封制。在军事管理方面实行了以功绩为标准的军功爵制；在政治管理方面否决了传统的庠序培育方式，而是鼓励实践教学，推行以吏为师。汉承秦制，在选官制度上推行察举制。各级各类官员，除了日常的政务处理，还有一项重要的职责，就是为国家推荐人才。这样，一些学有所成的士人，想要步入社会，进入官场，一定要拜谒德高望重的官员，请求其引荐；或者以拜访学习为由请求为其门生，获取仕宦的入场券。"何不策高足，先据要路津"，说的就是希望得到高官的引荐，能得到好职位。

图四十五：拜谒　南阳唐河汉郁平大尹冯君孺久墓南阁室南壁中上方画像

图四十六：拜谒　南阳唐河汉郁平大尹墓北阁室北壁中上方画像

南阳汉画馆的馆藏中，就有拜谒、访学的场面。

图四十五：画面左侧一官员跽坐，其面前三官员执笏，行跪拜躬身礼；二官员执笏，行跪拜磕头礼。

图四十六：画面刻官员身体壮硕，官帽礼服，左手提刀，右手平伸，示意拜访者平身。其身左一官员佩刀捧壶，稍稍躬身；其身右为两官员，捧笏，行跪拜礼。

图四十七：拜谒　南阳唐河汉郁平大尹墓南阁室南壁东下方画像

图四十七：画面为两官员，官帽长袍，捧笏行礼；左侧为一武士短衣短裤，平冠高髻，左手举剑，右手握盾，鼻挺眼圆，大嘴露牙，显得威猛可爱。

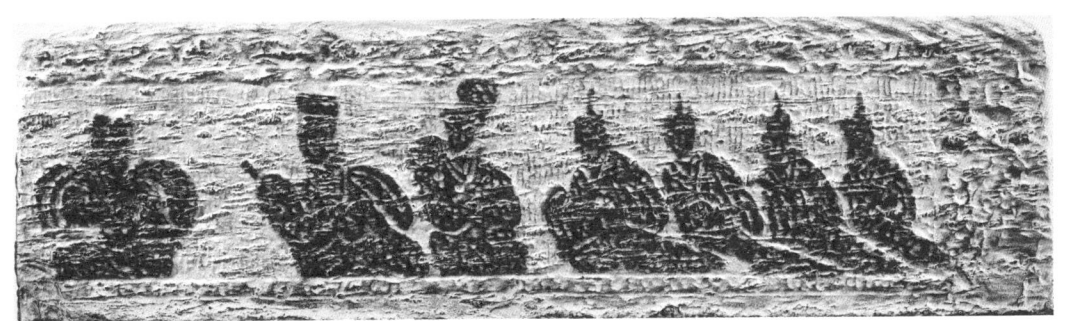

图四十八:讲经　南阳市汉画像石

图四十八:画面刻绘七人。左侧一人,凭几而坐,伏案说经;中部两人,一人戴刘邦帽,一人戴高冠,皆捧卷筒跪坐,当为学员中学历较高者;右侧四人,头梳高级,捧筒跪坐,当为年轻初学者。六生皆倾身于前,好像正认真聆听经师的批讲。

武库图:和平生活的安全保障

有汉一代,长达四百余年,社会整体上是和平安稳的,但历史局部而言,却从来没有停止过战争、战乱。一方面,北方的匈奴不时侵扰、南方的蛮夷伺机作乱,西羌也不时反叛,干扰丝路的正常贸易;另一方面,国家内部也因豪族的肆意掠夺,常常激起民变。由此,拿起武器保家卫国,时刻准备斩杀来犯者,就成为汉代民众的集体意志。在所有的汉画像石中,

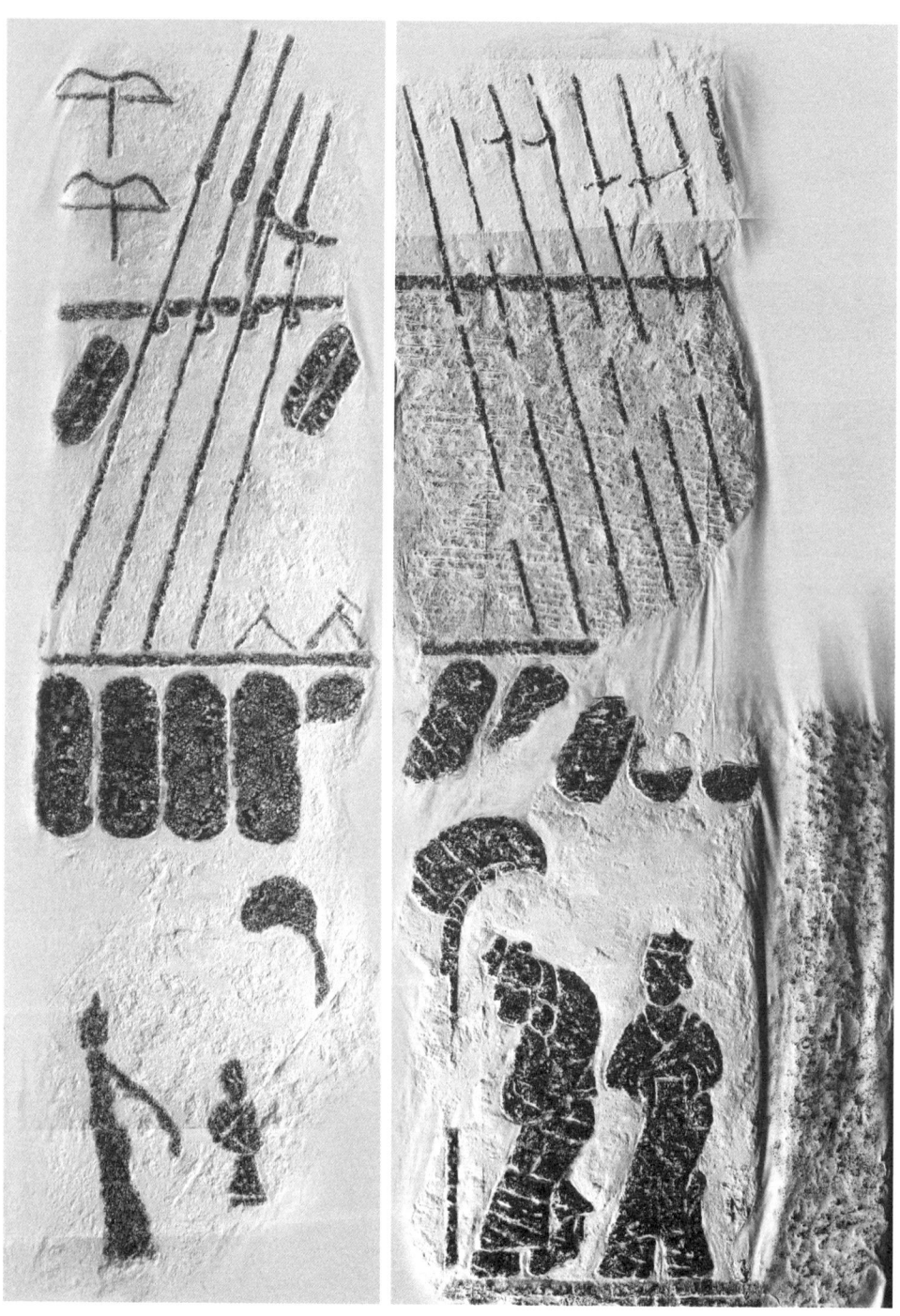

图四十九：武库　南阳唐河针织厂汉墓前室东壁北、南端画像

"胡汉战争"图像，可谓是不胜枚举，画面更是精彩绝伦。遗憾的是，在南阳汉画像石中，尚未发现有这方面的图像，只有一种表现做好准备，歼灭来敌，保卫和平这方面意愿的武库图，还可以常常见到。

图四十九：画面均分为两层，上层为室内的武库。北段画像，刻有弩四、长矛二、盾七、长戟二，共十五件兵器。南端画像，刻有长矛四、长戟四、盾五。武器均放在即兰锜兵器架子上。张衡《西京赋》："武库禁兵，设在兰锜。"李善注释引："刘逵《魏都赋》注曰：'受他兵曰兰，受弩曰锜。'"存放兵器的架子被称作"兰"，专门存放弩的被称作"锜"。

下层则为室外的守护者，各有二人，一人拥彗，一人拱手站立。

图五十：武库　南阳新野白滩村汉画像石

图五十一：武库 南阳英庄汉墓西主室东壁左上方、东主室西壁右上方画像

图五十：画面均为单面。东壁画像刻兰锜，东壁安放的是矛盾各三。西壁安放的弩三、斧三，宝箱两个，推测里面放有箭镞、铠甲。

图五十一：原石已残。画面上刻绘的兰锜，整齐摆放着五支长棍，架子上悬挂着两个盾牌，一盾牌下还挂着铠甲；兵器外，有三只警犬守护着。

历史传说
大汉辉煌的精神源泉

> 汉代的伟大,原因很多,但从知识体系上来说,最主要的就是:这是一个最为重视从历史传说中汲取精神营养的时代。

历史是人们所经历的、正进行的,以及未来的活动,传说则是人们对自己活动的理解、感悟与解说;合起来,历史传说,就是集人们的生活、总结、体验、解说于一体的关于人生、社会的知识体系。

汉代的伟大,原因很多,但从知识体系上来说,最主要的就是:这是一个最为重视从历史传说中汲取精神营养的时代。正史方面,有司马迁的《史记》、班固的《汉书》;诸子方面,有贾谊的《过秦论》、荀悦的《前汉纪》。这些都是青史犹在、家喻户晓的。

这些亦折射在汉画像中,山东嘉祥的武梁祠"明君、名士与列女"雕刻,以及散落在各种图像中的"孔子见老子""周公辅成王""泗水捞鼎"

等等，都表明当时的人们对历史传说的喜爱、解读与关注。

南阳汉画馆中，也有历史传说的画像，但与山东汉画像石相比，没有上述的儒家属性，却有着更为震撼人心的内容。

二桃杀三士：崇智警谗的多重感悟

二桃杀三士是中国历史上最为著名的智谋故事，这件事记载在《晏子春秋》中。

齐景公时，晏婴为相。有一天，晏婴拜见齐景公，公孙接、田开疆与古冶子等三个武士坐在大堂之中，见到晏婴，没有一个起身施礼的。

晏婴作为宰相，不仅个头矮小，心胸也极为狭隘。因此，对三个武士的居功自傲的行为极为不满。于是，晏婴见到景公之后，谗害三个武士，说："国家蓄养武士，其目的就是能够上有尊君属臣的忠义，下有能率众归从的表率。但是这几个武士，对上不忠，对下傲慢，对外不能威吓敌人，对内不能防暴，这可是国家最大的危害呀，应该赶快消灭了。"

齐景公作为国君，原来对三个武士的居功自傲早就不满了。说："搏击怕不能赢，刺杀又怕不中，怎么办呢？"

晏婴说："您这些想法都是对强敌的。不适合对这些无礼的人。我给您想个办法，请您拿两个桃子，论功行赏，让他们三个争抢。"

三武士见到桃子之后，公孙接已经识破了晏婴的计谋。他说："晏婴是个谋略家呀！让景公拿来两个桃子三个人分。如果不接受，说明不具备勇士的资格。如果接受，必须要比较功劳大小。那么，我先说自己的功劳吧，我曾经赤手空拳搏杀野猪，又搏杀少壮的老虎，以我的功绩，可以吃桃子吧？"于是，公孙接拿了个桃子。

田开疆说："我持有兵器，多次驱除敌人的围攻，如果你公孙接能吃桃，那么，我是不是也可以吃一个桃子？"于是，田开疆拿了一个桃子。

古冶子说："我曾经陪伴君王过黄河，河中的鼋鱼嘴咬着左边的马，带入湍急的河流之中。这个时候，我年少不会游泳，在水底逆流走了百步，又顺流而走九里，终于抓到鼋鱼，将其杀掉，而后左手拉着马尾，右手举着鼋鱼头，从水中鹤跃而出，当时岸口的人，都惊呼：'河伯出世！'其实就是鼋鱼的头而已。这样的功绩，完全具备吃桃子的条件的，你们两个还不赶快归还桃子？"

公孙接、田开疆听了之后，都说："我们的勇气不如您，功劳没有您大，如果拿了桃子还不归还，是贪婪了，但是不死，又显得没有勇气。"于是两个人抽出宝剑，双双自杀。

古冶子一见两个人自杀，意识到，同作为武士，自己单独活着，是不仁；别人只夸耀自己，是不义；自己不自杀，又显得不够勇敢。公孙接、田开疆因让桃子而守正中节，我古冶子哪能够独自享有桃子而占便宜。于是，古冶子归还桃子，抽剑自杀。

齐景公得到使者的汇报，三个武士都已经自杀，于是以士丧之礼予以安葬。

图一：二桃杀三士　南阳英庄汉墓画像石

二桃杀三士的故事，有着多面的历史启迪：一是作为臣属，居功自傲、找不准其位置，将会使其丧身裂名；二是作为谋臣，有着众多的办法对付其政敌，谗言告密、借刀杀人等等，可谓是无所不用其极；三是作为君王，不仅掌握着生杀予夺的权力，更应该具备宽阔的胸襟与卓越的见识，否则，当沦落为权力的婢女。

东汉末年，诸葛亮来到南阳，"躬耕陇亩，好为《梁甫吟》"。后来追随刘备，为恢复汉室，可谓是竭尽全力，用他的话说，就是"鞠躬尽瘁，死而后已"。其中的甘苦，可能就是领悟了二桃杀三士中所体现的政治生活之阴险复杂。

南阳汉画像中，二桃杀三士的画面非常之多，远远超过了其他内容。

图一：画面中刻高足盘，盘中二桃。一武士伸手欲取，另外两个武士则自刎，其左侧用匕首，其右侧则用刀。左侧前的矮个子为晏子，中头梳高髻者当为齐景公。

图二：二桃杀三士　南阳汉画像石

图三：二桃杀三士　南阳英庄汉墓墓门西门楣正面画像

图四：二桃杀三士　南阳汉画像石

图二：画面右侧为两个手执长刀的武士争抢豆中的二桃，左侧中为另一武士左手持长刀，右手挥棒，弓步上前，亦欲争抢；中部为持节传令者，其随从手持长戟；两侍者中，女子从容接令，男子惊惧趴下。这幅画的雕刻，充分利用了透视的叙事技艺。即持节者奉命向田开疆、古冶子与公孙接传令，三人一听，互不服气，即刻争抢。而男女侍者的表情，则颇有意味。

图三：画面中部为高足盘，盘中放桃二。其右侧为三武士，一武士伸手欲取，一武士佩刀挂肩，似有所思，一武士欲拔刀争抢；其左侧依次为高冠矮个的晏子、王冠宽袖的齐景公、两位手持长戟的侍者。

图四：画面较为简洁。中部刻一高足盘，盘中置二桃。一武士伸手取桃，其他两武士拔刀，予以阻挠与争抢。

图五：二桃杀三士 南阳方城光店汉画像石

图六：二桃杀三士 南阳刘洼村汉墓墓门正面画像

　　图五：原石有所漫漶。中部刻高足盘，盘中有二桃，三武士争抢。左右两侧，分别刻晏子、两持长戟的侍从。

　　图六：画面左中部为二桃杀三士，中左侧为晏婴、持节者、屈辱的獬豸。

　　图七：画面有三层。其下层为二桃杀三士；中层为拜谒；上层则为"白虎·凤凰和鸣"。

这幅画，看似简略，实际上艺术价值很高。首先，虽然不是很明显，但做了画面分层；其次，将不同意蕴的图像雕绘在一起，看似不搭，但正是汉画的特征之一；最后，"白虎·凤凰和鸣"，以白虎居于中央，左右两侧凤凰和鸣，翩翩欲飞。因此这幅画的主旨当是提倡相互提携、和谐共生、同心同德的人生，反对互谗告密攀附的阴暗勾当。

图七：二桃杀三士　南阳唐河针织厂汉墓前室北壁上方画像

图八：二桃杀三士　南阳高庙汉墓墓门门楣石画像

图八：画面刻六人。其中佩长剑的三人，当依次为公孙接、田开疆、古冶子。其余三人当为侍者。一武士正挥手吹嘘自己的功劳，其余的人在倾听，一人甚至拍手鼓掌。可以说，这是二桃杀三士的超前版。

图九：画面刻五人，中间一人头戴高冠，仰脸向天，傲视一切的样子，当为齐景公。其面前跪拜一头戴尖顶帽的矮子，当为晏婴。齐景公身后为其两位夫人。头梳堕马髻的女子，扭身观左，一副不屑的样子。这幅画像，描述晏婴的进宫任职，也可说是二桃杀三士的前奏。

图九：晏子见齐景公　南阳唐河针织厂汉墓北主室南壁东门楣画像

斩蛇·鸿门宴：汉高祖的天命神话

汉高祖起自布衣，他曾经总结自己获得政权的经验，说是善于用人。但是在政治实践中，为了赢得民众的信服，他又制造了君权神授的神话。这一是说其出生不俗，是其母夜卧大泽，与龙媾合而生；二是说其曾经梦游，斩杀象征对手的蛇。南阳汉画像中，将《史记》所记载的高祖斩蛇故事，演化为直观的画面。又将鸿门宴记载，诉诸于刻绘，以彰显其赢得民心、得道多助的成功之道。

图十：画面右侧一人，手持长剑，斩断盘其身的长蛇，目瞪口呆，皮

图十：高祖斩蛇　南阳唐河针织厂汉墓北主室北壁右下方画像

图十一：鸿门宴　南阳汉画像石

冠抛飞；左侧一人高尖角帽，迈步欲前，将以帮助，突遭蛇斩，惊恐后仰，钺柄竟折。

图十一：画面刻人物六，自右至左，依次为项羽、刘邦、项庄、项伯、张良、侍者。项羽按剑跽坐，刘邦北向而坐，项庄拔剑起舞，刘邦危在旦夕。读汉画，想到鸿门宴，给人以肃杀的感觉。

荆轲与伍子胥：成败未必非英雄

《史记》的伟大，不仅在于其纪传体通史体例的首创，更在于其大视野的人文情怀。司马迁不仅看重那些顺应潮流推进历史发展的英雄豪杰，更以悲天悯人的情怀予以那些功败垂成、勇敢搏击的侠客、豪杰浓墨重彩。

南阳汉画中，充分展现了司马迁的历史观。请看荆轲刺秦王、伍子胥遭谗自杀的画面。

图十二：画面刻三人，自右至左，依次为荆轲、秦王、秦舞阳。荆轲手持宝剑刺向秦王，秦王头后仰躲避，并持宝剑还击。秦舞阳惊慌失措，赤裸上身奔逃而去。

图十三：画面刻绘三人，其中间一人，高冠，赤裸右臂，手持宝剑，刺向自己的咽喉，当为伍子胥；其面前一人，高冠，交领长袍，坐于榻上，抬手，吃惊状，当为吴王；其身后一人，官帽，圆领长袍，拱手施礼，当

图十二：荆轲刺秦王　南阳唐河针织厂汉墓北主室西壁下方画像

图十三：伍子胥自刎　南阳唐河针织厂汉墓南主室西壁上方画像

为太宰嚭。

图十四：画面分为两层，上层为斗牛。力士赤裸上身，一手轻松提起牛的后腿，牛喘气无力挣扎；一武士身佩长刀，弯身戏牛。

下层则为伍子胥自杀画像。

图十四：斗牛·伍子胥自刎　南阳唐河针织厂汉墓北主室西壁上方画像

孙武与范雎：伯乐慧眼成就英雄

在司马迁看来，英雄的生成，除了洞悉社会历史发展的规则，顺应历史发展的潮流，还有现实的基础，就是有伯乐一样的智者、领导者予以引荐、重用。

《史记·孙武传》记载，孙武精通军事，讲究军法。吴王阖闾使用他，他竟然将其宫妃斩首示众。

图十五：画面中左，武士着紧身衣，束发，长袖左膊，手持宝剑，赤裸右膊，掐腰，怒容满面，似呵斥，半身有环线，似火焰，象征其暴怒。中右，两女子跽坐，高髻，双手持长枪，似不胜力。右侧，一梳高髻女子拱手将跪拜，一男子站立拱手；左侧，当为内侍，一双手持节，将跪请，一拱手，似辩。四人皆为求情者。

图十五：孙武练兵　南阳十里铺汉墓后室南壁上部东石南侧画像

图十六：范雎受袍　南阳唐河针织厂汉墓北主室南壁西门楣画像

图十六：画面刻四人，中间一人高髻，交领长衣，手中捧着衣服，其身后两侍从，一捧奁盒，一带行囊。其身前一头戴破帽、交领长衣的男子，正躬身捡拾地面的衣服。

《史记·范雎传》记载，范雎在魏国时，不被魏国大臣须贾重用，来到秦国，化名为张禄，得到了秦国的重用，增加了秦国的财富兵力，于是准备征伐魏国，迫使魏国派出使臣来求和。范雎扮猪吃虎，以佣人的身份求见须贾。须贾看到范雎的落魄，于是拿出崭新的衣服，赏赐给范雎。后来，须贾得知范雎就是秦相张禄，于是肉袒膝行，才得到了范雎的原谅。这件事情表明了人才的重要，也表明如须贾没有伯乐那样的知人之明，是会酿成祸患的。

图十七：画像分为两层。上层为单层双阙，阙顶各立一鹤，右鹤昂头鸣叫，左鹤低头回应。双阙上部有菱形纹饰、二环穿璧纹饰、菱形图案相连的楼阁；双阙之间立一女子，细腰宽裙，双阙之外有常青树。

下层又细分为两部分，其上部即靠近楼阙部分为广场，画像中部左上方立一人，其人右侧有"柏乐"（伯乐）二字，其前方有一马站立，马颈拴一绳，绳两端系于上部双阙两侧的柏树上。中部右下方一人立，右手执长棍，左手平端一碗，似杂技艺人。

其下部起伏的山峦，山顶为熊鸟相斗，山间有小兽追逐。山体间刻二"山"字。山峦右下方又刻一射者。

这幅画像，是南阳汉画像石中雕刻艺术最具代表性的。一是其整体为阴线刻与阴面刻相补充；二是将雕刻与绘画相结合。根据考古报告，其中双阙之间的女子面相，本来是没有雕出，而是用绘画形式，涂有色彩的。

图十七：阙·伯乐相马·艺伎
南阳杨官寺汉墓墓门中柱正面画像

图十八：西门豹治邺 南阳英庄汉画像石

西门豹治邺：造福百姓的敢于担当

图十八：画面刻六人。自右至左，依次为手执长剑的为西门豹、挥手的随从、两名抬着女巫的官员、执笏跪拜求饶的乡绅。

西门豹治邺的故事，可以说是妇孺皆知的历史故事。这个故事记载在《史记·滑稽列传》中：魏文侯时，西门豹担任邺令，访贫问苦，得知民众苦于水患，为河伯娶妻。西门豹知道，这是巫师的迷信行为。于是将巫师投掷河中，先后几人，吓坏了所有的参与者，让他们真正意识到，为河伯娶妻的行为是错误的，从而破除了民众的迷信观念。

李冰斗牛：治水成功的神话记忆

与西门豹治邺故事的破除迷信意旨相反，李冰治水却是神话其行为。根据《太平广记》卷291引《成都记·李冰》记载，李冰治蜀，有蛟龙为患，水患频仍。传说李冰化为水牛，与江神搏斗，没能分出胜负。李冰召集勇敢的士卒，手持弓箭，提前约定，说："我之前化作牛下水与江神斗，所以，这次江神一定也会化作牛来冒充我。那么，我仍然化作牛，但是用白练束腰。当你们看到有二牛搏斗时，就用弓箭射击那个没有白练的。"届时，雷雨狂风，天地一色，江水泛滥，那是李冰与江神在斗法。没过多久，有两牛从水中出来，相互搏斗。众武士挽弓射箭，齐中没有白练的牛，江神由此被击毙。从此之后，江水平稳流淌，再也没有掀起大浪。

南阳汉画像中，有很多斗牛的场景，当是李冰治水的神话折射。

图十九：匕首刺牛　南阳麒麟岗汉墓画像石

图二十：匕首刺牛　南阳汉画像石

图二十一：匕首刺牛　南阳汉画像石

图十九：画面刻绘赤裸上身的武士左手摁牛头，右手执匕首将刺。牛后腿弓曲，前腿直爬，呈现抗击状。

图二十：画面右侧刻牛低首前抵，直刺向前；中部武士怒目、弓步，左手抵挡，右手匕首将刺。

图二十一：画面右侧刻武士右手推掌，左手握匕首，与牛拼搏。左侧则刻牛回首惊视欲逃。

天文地理
立象尽意的知识体系

需要强调的是,要考察两汉文化的辉煌灿烂,除了传世的文献知识外,更要了解汉代人的生活实录,即汉画像。

子曰:"书不尽言,言不尽意;然则圣人之意,其不可见乎?"

"圣人立象以尽意,设卦以尽情,伪系辞焉,以尽其言,变而通之以尽利,鼓之舞之以尽神。"

"夫象,圣人有以见天下之赜,而拟诸形容,象其物宜,是故谓之象。圣人有以见天下之动,而观其会通,以行其典,礼系辞焉,以断其吉凶。"

在这里,《易经·系辞》将图像的作用说得非常清晰了。用文字叙述自己的意见,总是说不明白,说不清楚,于是就画成图像,图像直观,一目了然;象有意尽,心照不宣。

由此可见,图像的文化内涵及其价值,是极其重要的了。

同样，作为汉代历史记录的汉画像石，正是人们认识汉代的直观的、第一手的资料。

需要强调的是，要考察两汉文化的辉煌灿烂，除了传世的文献知识外，更要了解汉代人的生活实录，即汉画像。

诸如所知，汉代文化的辉煌灿烂，不仅源自汉人丰富的历史知识及其经验的汲取，更源自对于天文、地理的正确认知。毫无疑问，如果没有正确的知识引导，单靠拼力蛮干，不仅不能推进文明的发展，而且还将给人类带来灾难。那么，汉代究竟有着怎样的知识体系？在这里，根据南阳汉画馆所陈展与珍藏的画像石，尽量捋出一个系统的、并且符合真实汉代的图像知识结构，从而进一步探索伟大的汉文化基因。

《易经·系辞》说八卦的生成，是伏羲氏仔细观察世界，以"近取诸身，远取诸物"的比类方式，逐渐形成了丰富的、高度概括的知识体系。由此，汉画像石中的知识体系，自然也正是基于这种观察与比类上建构的。从画面看，汉代对天文气象的认知，有两种相合融合的方式：一种是"远取诸物"，即以凤鸟、蟾蜍比类日、月；另一种则是"近取诸身"，即以始祖神的形式比类日、月。最后，将这两种方式糅合，形成了汉代的天文、地理以及人文知识体系，这就是南阳麒麟岗汉墓墓顶画像所展现的汉代宇宙意象。

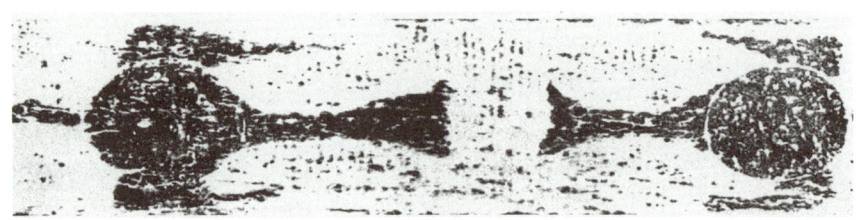

图一：凤日 南阳汉画像石

凤日蛙月：比之于物的天文知识

凤日，即太阳鸟、金乌；蛙月，即蟾蜍、金蟾

图一：画面左右各刻绘凤鸟，凤鸟中部皆为一圆，象征太阳。

《山海经·大荒东经》："汤谷上有扶木，一日方至，一日方出。皆载以乌。"

在南阳汉画像石中，太阳的象征一般都是"凤鸟＋圆"，月亮则是"圆中有蛙"。这样，这幅画很容易被认为是两个太阳，相继换班相值。

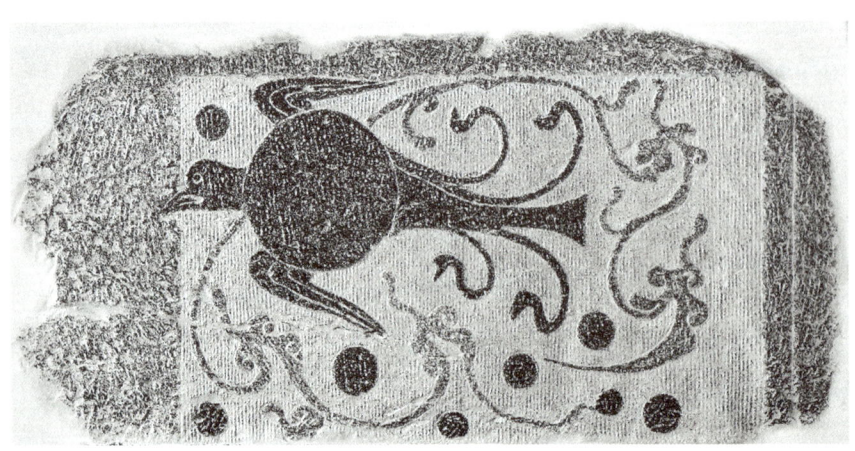

图二：凤日 南阳英庄汉墓前室盖顶石画像

图二：画面刻绘凤鸟，其腹为圆，象征太阳。周边为云纹，星象，象征太空。

图三：画面刻绘凤鸟展翅上飞，腹中为圆，象征着旭日东升。该拓本曾为孙文青收藏。

图四：画面凤鸟展翅，腹中有圆，尾部有星象，象征日行太空。

图三：凤日　南阳汉画像石

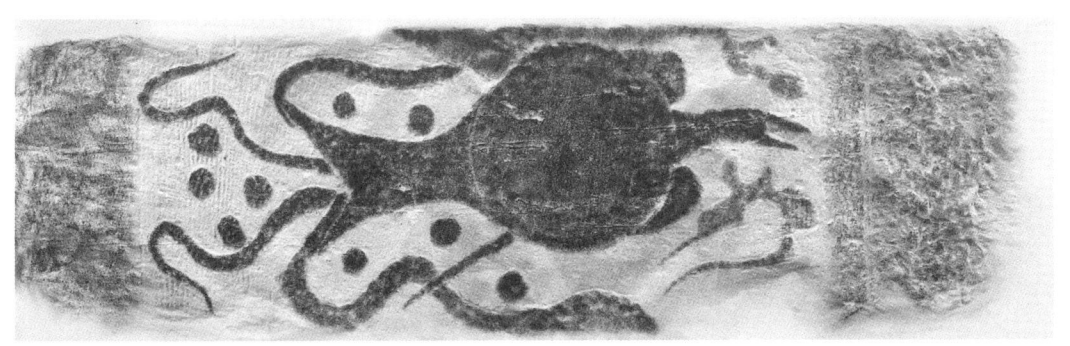

图四：凤日　南阳汉画像石

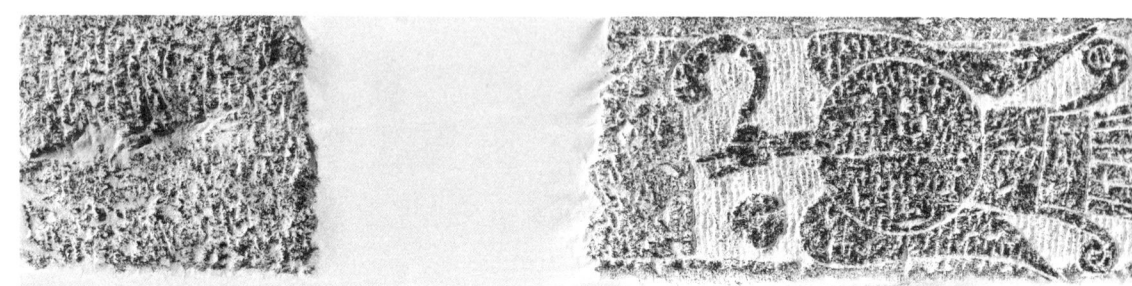

图五：凤日　南阳草店汉墓北隔梁石下方画像

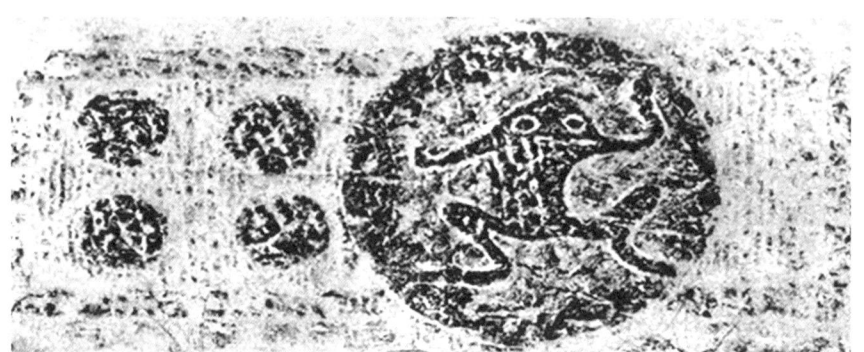

图六：蛙月·星　南阳英庄汉墓主室北门道过梁石下方画像

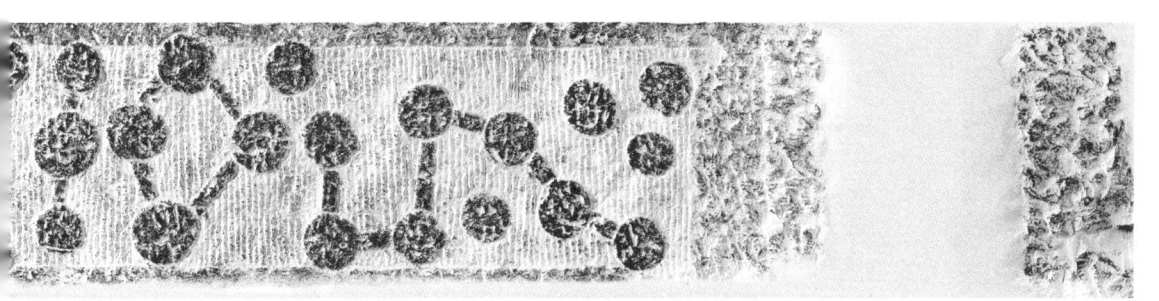

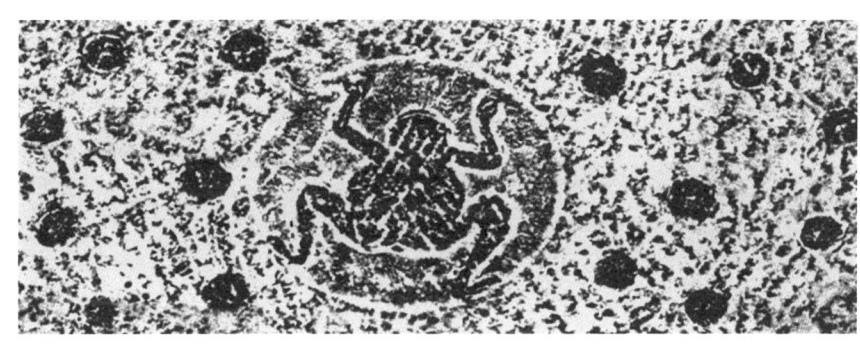

图七：蛙月·星象　南阳唐河针织厂汉墓南主室顶部画像

图五：画面右侧为星象，左侧为凤日。

图六：画面右侧刻绘圆，圆中有蛙，表征月亮；左侧为四个圆，象征四个星星。

图七：画面中部为圆中蛙，象征月；左右两侧刻绘星象。

  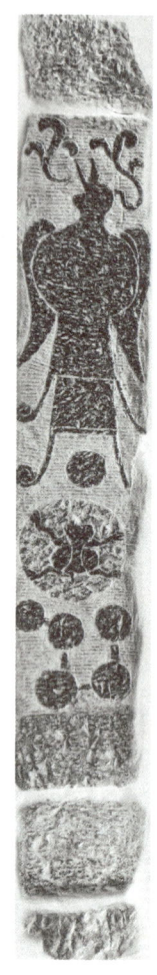

图八：凤日蛙月　南阳汉画像石　　　图九：凤日蛙月　南阳汉画像石　　　图十：凤日蛙月　南阳汉画像石

凤日蛙月：通常所谓的"日月同辉"

图八：画面上部刻一展翅飞翔的鸟，鸟身中部为一大圆，象征着太阳的飞行天空；下部为一圆，圆中刻画一蟾蜍，象征着月亮。

图九：画面上部为圆中蛙，下部为圆中凤鸟，分别象征着月、日。日月之间云气环绕，月前有织女星。

图十：画面中部刻圆中蛙，象征月；上部刻凤鸟，腹中圆，象征日。

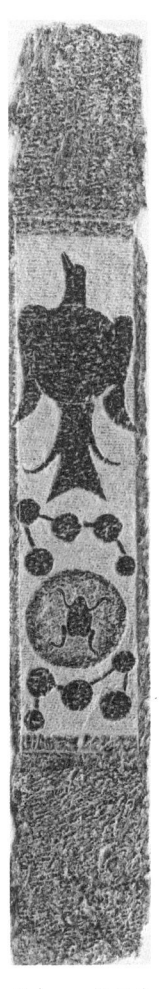

图十一：凤日蛙月南阳汉画像石

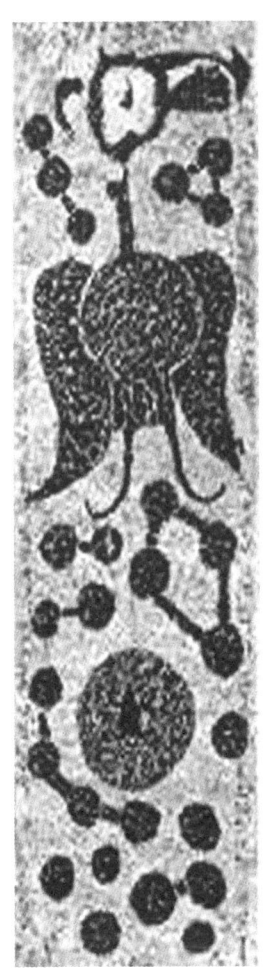

图十二：凤日蛙月 南阳汉画像石

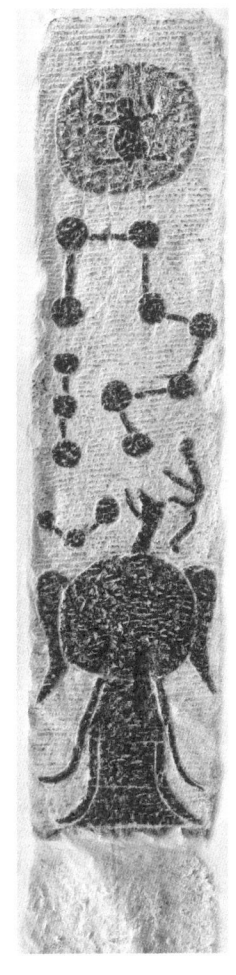

图十三：凤日蛙月 南阳汉画像石

月下部为五星连珠。

图十一：画面中下部刻圆中蛙，象征月；上部刻凤鸟，腹中圆，象征日；月旁刻绘五星连珠。

图十二：画面下部为圆中蛙，星辰簇拥，其中二星、三星、四星曲连者为苍龙星座；其上部为凤鸟圆，其前有两组三星，一字形为河鼓，三角形为织女；顶部为仙人，手持华盖。

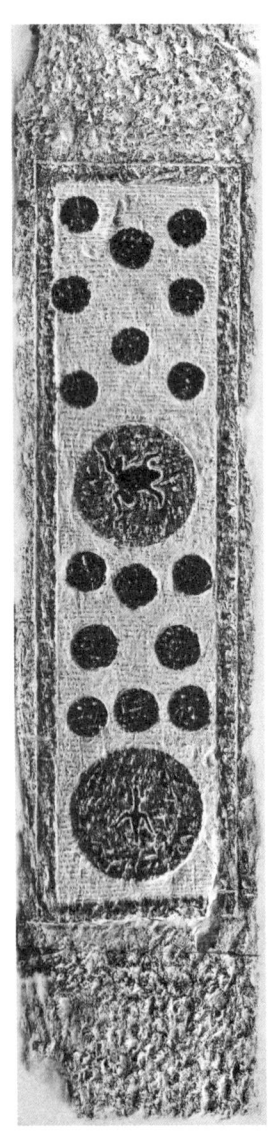

图十四：凤日蛙月 南阳汉画像石

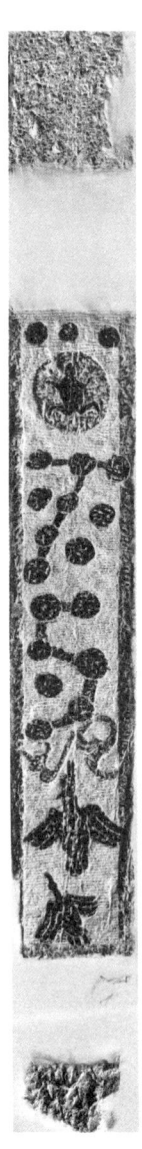

图十五：蛙月鸿雁南阳汉画像石

图十六：凤日蛙月 南阳王寨汉石过梁石下方画像

图十三：画面下部为凤鸟，腹中圆，象征日；上部为圆中蛙，象征月。日月之间，分别有北斗星、河鼓星、织女星。

图十四：图下部刻一日轮，内雕一凤鸟，象征日；图上部刻一满月，内雕一蟾蜍，日月间有星象。这幅画的特征在于，日月外形都是以圆展现，其区别在于圆中的凤鸟、蛙。

图十五：画面上部刻绘一月轮，内雕一蟾蜍；图下部刻鸿雁，比翼双飞。月轮上部刻河鼓星，其身后为"T"形星为太微左垣星座，六星相连斗形，斗口中为勾陈星。

图十六：画面刻凤日蛙月，凤日嘴刁仙草；蛙月下部为五星连珠，其左右各有彗星，中部似斗，号称"天庙星"。

图十七：凤日凰月·苍龙星宿　南阳段庄汉画像石

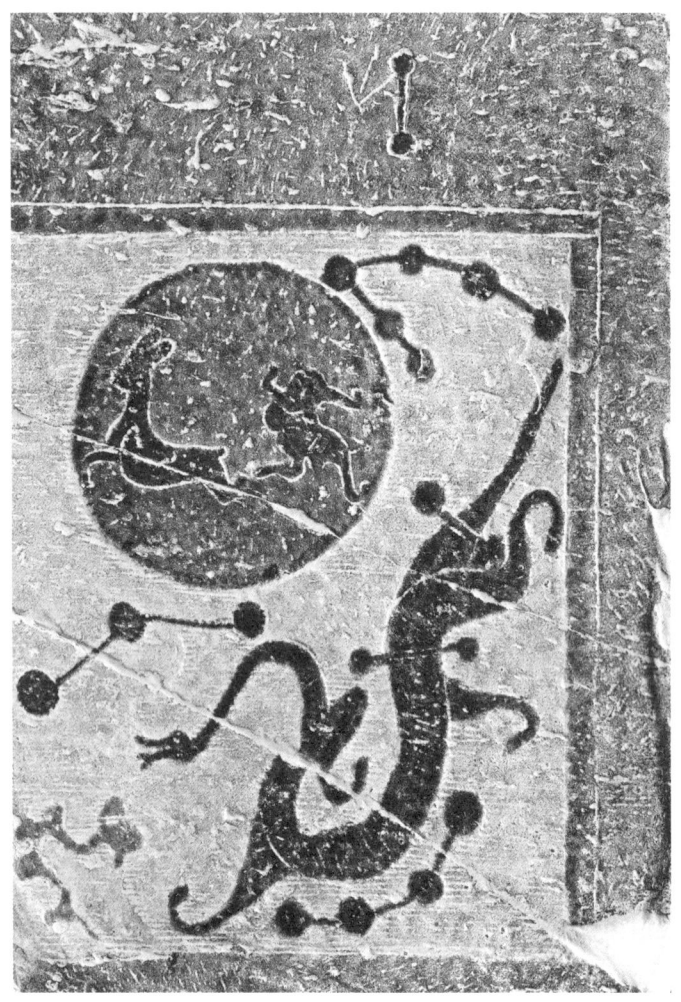

图十八：南阳蒲山汉画像石

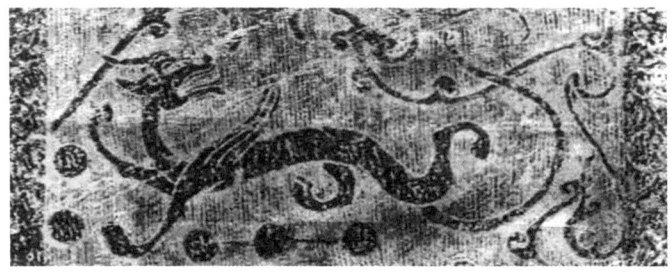

图十九：苍龙星宿　南阳蒲山一号画墓前室盖顶石画像

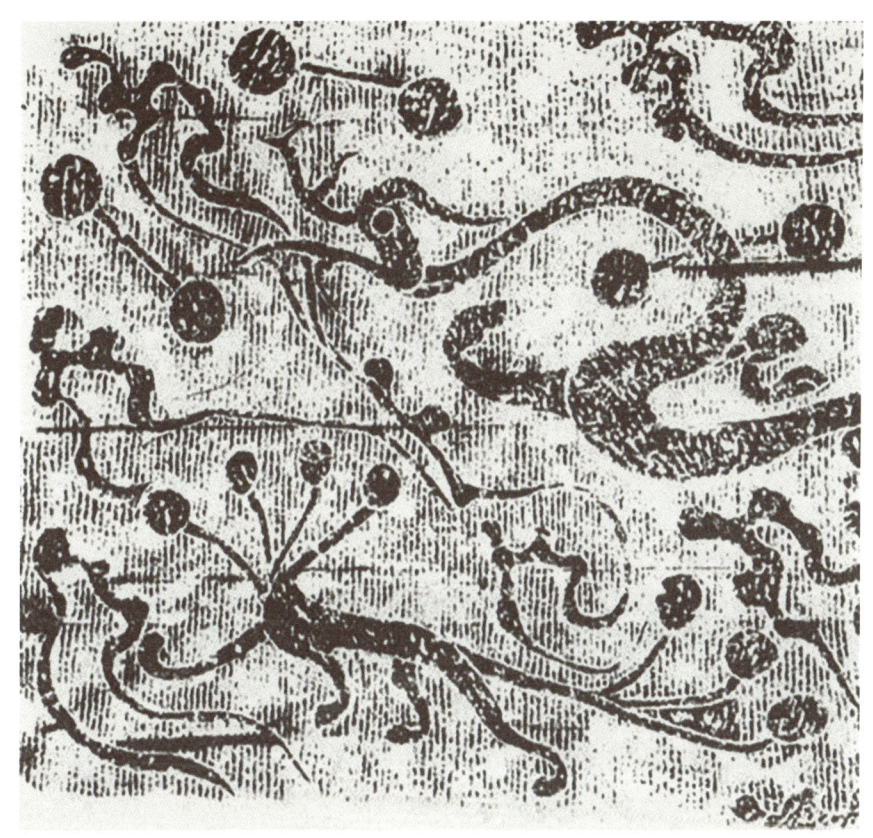

图二十：苍龙星宿·人面兽　南阳汉画像石

青龙白虎星宿、星空

图十七：画面分为两层，其图像相悖。其中一层为凤日凰月，其间云气缭绕；另一层为星宿，分别为苍龙星宿、刻绘玉兔的毕宿。

图十八：画面上部刻圆，其中有蟾蜍、兔，象征月亮；下部为东宫苍龙星座，并含有角、亢、氐、房、心、尾、箕等七个星座。

图十九：画面中部刻一龙，反首张口，有翼，其下方有星宿，周身云气缭绕。

图二十：画面分两部分。其右上部刻一龙，曲体张口，其周围散布十四颗星，龙与星宿相组合应为苍龙星座的示意图；其左下方又刻人面兽，颈四歧，各顶一人面首，尾三叉，各缀一人面头。

图二十一：白虎星宿　南阳汉画像石

图二十二：白虎·凤日　南阳唐河针织厂汉墓北主室盖顶石画像

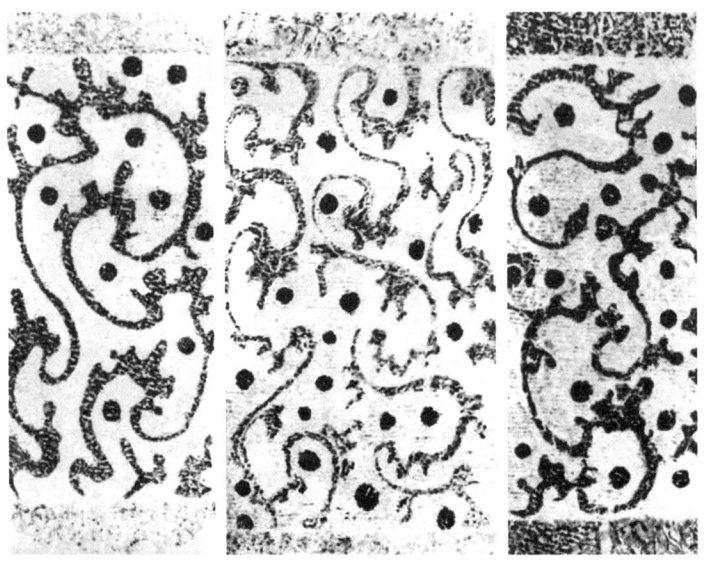

图二十三：星云　南阳高庙汉墓北室盖顶石、中室盖顶石画像

图二十一：画面白虎，昂首阔步，其身前有星象与云气环绕，此幅画象征西宫白虎。

图二十二：画面右侧刻圆，圆中有三足鸟，象征太阳；左侧为白虎，象征西方白虎星宿。画面意思是太阳东升西落。

张衡《灵宪》："日者，阳境之宗，积而成乌，象乌而三趾。"

《淮南子·精神训》："日中与踆乌。"高诱注："踆乌，犹蹲也，谓三足乌。"

图二十三：画面中星光闪耀，云气缭绕。

气象：彩虹、风伯雨师雷公

图二十四：画面刻绘拱形蛇身，右侧为尾，左侧为嘴，象征跨越天空的雨后彩虹。

图二十四：虹蜺　南阳唐河针织厂汉墓北主室盖顶石画像

图二十五：风伯雨师雷公　南阳王庄汉墓盖顶石画像

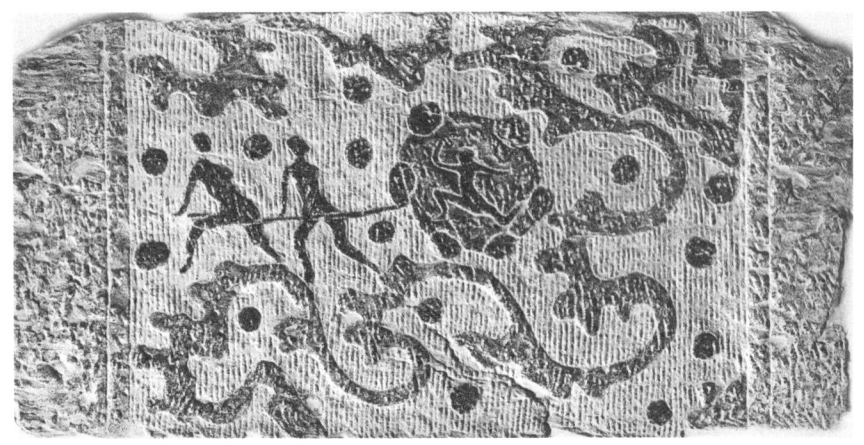

图二十六：雷公　南阳高庙汉墓中室盖顶石画像

　　图二十五：画面右侧为风伯，高髻、赤身、半蹲，张口吹嘘；中、左侧下部为雨师，堕马髻，各怀抱水罐，倾罐倒水，象征着大雨瓢泼；中、左侧上部为雷公车，刻三人堕马髻，赤身弓步，牵拉五星车，车内雷公捧鼓于胸；其中云气飘然，几点星星。

　　图二十六：画面中部刻六星所构成的圆，象征车；圆中一人弓步奋力，象征雷公击鼓；圆前二人牵绳，象征拉雷公车。雷公车身边，星象密布，云雾缭绕。这是汉代人所理解关于天雷的知识。

图二十七：虎车雷公　南阳英庄汉墓前室盖顶石画像

图二十七：画面为雷公车行布雷。其车为云车，车舆内建鼓高树，彩带飘扬，驭者高髻有翼，倾身车前，紧拉驾辕的三虎，雷公端坐于车舆内，双臂展开，好似敲鼓。这幅画的动感十足，艺术手法十分鲜明。画面中翼虎奔驰，其跨越的前肢与其后肢之间，几乎拉成直线，加之前身的双翼与其后肢翘直的尾巴，乍看起来，有一种刚直、僵硬的感觉。而那上下翼虎的回望与中虎昂首拼力向前，忽然就灵动起来。云车飘洒的彩带与卷曲的云轮，以及倾身的驭者与展臂的雷公，整幅画面给人以风驰电掣、狂风呼啸、雷声轰鸣的感觉。

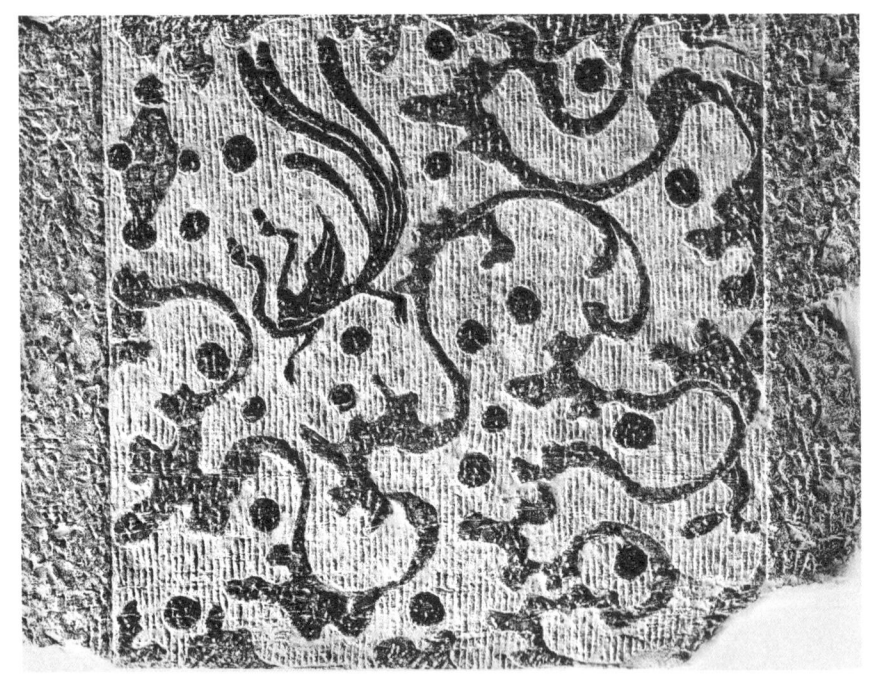
图二十八：双首凤鸟　南阳高庙汉墓南侧室盖顶石画像

图二十九：牛郎织女星宿　南阳汉画像石

　　图二十八：画面中部刻凤鸟，人面双首，在星云之间阔步行走。这幅画的寓意当是风伯，风云漫卷。

　　图二十九：画面右侧，刻一人牵牛及相连三星，当为牛郎星。中刻白虎星座。左侧上角为毕宿，左下角刻相连四星，内坐一女子，应为织女星。

河伯与始祖：比之于己的地理人文知识

图三十：画面右侧刻河伯鱼车出行，中间为白虎与熊相戏，左侧为大象。在这里，河伯鱼车出行，白虎与熊戏，主要是讲地理知识。

图三十一：画面刻轺车，车舆内有驭者、河伯；三鱼拉车，四鱼尾随。

图三十二：图中刻绘轺车，其驾辕的为四条大鱼，车舆内有驭者乘坐

图三十：河伯出行　南阳汉画像石

图三十一：河伯出行　南阳唐河针织厂汉墓北主室盖顶石画像

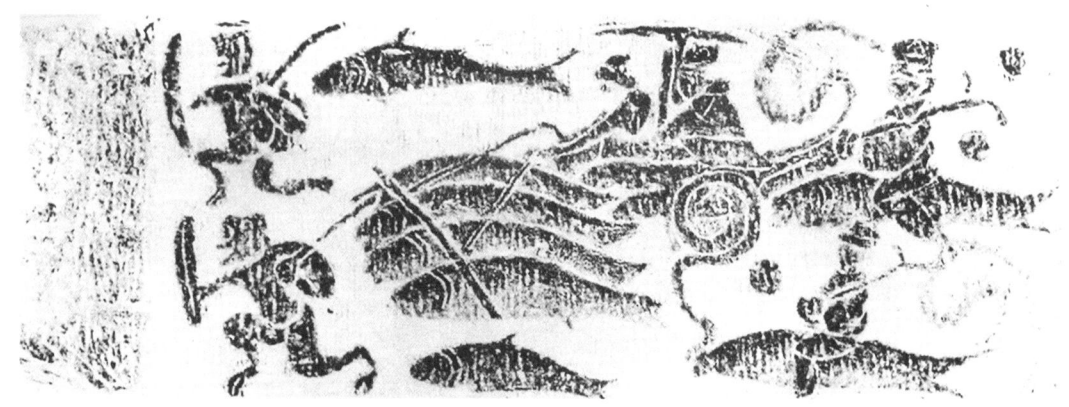

图三十二：河伯出行　南阳王庄汉墓盖顶石画像

于前，双手挽缰，河伯端坐于车舆内。车前有导引二人，皆一手持盾，一手操刀，为河伯开道。轺车左右各有一游鱼护从，其后则有持戟护从二人，皆以鱼作乘骑。乘鱼者身边刻有星云，象征着河伯漫游在太空。

这幅画非常有意义，它说明了汉代人对河流的神话解读，也表明了河伯概念的提出，与山神西王母（见下节）一起，构成了汉画中的地理知识概念，再配合天文汉画像，从而构成了完整的宇宙知识体系。

图三十三：画面上部刻凤鸟负日而升空，下部为两个男女面首、各有翼并共用四肢一体，象征着男女的交合，人类的开始。

图三十三：凤日始祖　南阳十里铺汉墓前室东盖顶石画像

伏羲日与女娲月：日月认知与始祖崇拜的融合

图三十四：画面上下各刻一圆，圆中分别为凤鸟、蟾蜍，象征日、月；日月之间各有人，皆人首、人身、蛇尾。凤日下的人，赤身裸体，当为伏羲；蛙月下的人，堕马髻，宽袖襦裙，当为女娲。伏羲女娲蛇尾相交。这幅画"日月同辉"与始祖神的叠加，是将日月的认知与始祖的认知叠合在一起。

图三十五：画面左右两侧分别是凤日、蛙月，中间则为伏羲、女娲，蛇尾相交。

图三十四：凤日蛙月·伏羲女娲　南阳唐河汉画像石

图三十五：凤日蛙月·伏羲女娲　南阳英庄汉墓前室中部过梁石下方画像

图三十六：双环·伏羲日女娲月执灵芝交尾　南阳熊营汉墓主室门中立柱正面画像

图三十七：女娲举月　南阳汉画像石

图三十八：女娲举月　南阳汉画像石

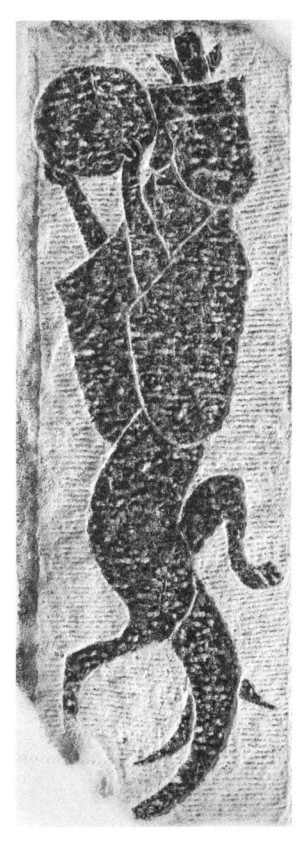  

图三十九：女娲捧月　南阳汉画像石　　图四十：伏羲举日　南阳汉画像石　　图四十一：女娲捧月·苍龙·宿　南阳汉画像石

　　图三十六：画面中上部有两个上下相交的圆环，中部刻执灵芝的伏羲与女娲，二者蛇尾相交。

　　图三十七：画面中下部为女娲举月，顶部为熊。

　　图三十八：画面中下部刻女娲，人首蛇躯，双手高举圆，圆中有蟾蜍，象征月，上部为熊。

　　图三十九：画面刻女娲，头梳高髻，人首、身，蛇尾，双手捧一蛙月。

　　图四十：画面刻伏羲，人首蛇躯，双手捧举一圆，圆中有凤鸟，象征太阳。

　　图四十一：画面左侧刻绘女娲捧月，右下侧为苍龙昂首，下中部为星宿。

图四十二：伏羲捧日　南阳二化厂三十号汉墓画像石

图四十二：画面下部为人首蛇尾的伏羲，上部为凤日。

图四十三：画面刻绘一头梳高髻、人首虎身蛇尾的女子，当为女娲。手捧着圆，圆中有蟾蜍，象征月，周边有云气与星象环绕。与女娲举月图像表示月亮升起相比，这幅画像则表明了月亮运行于太空。很多学者认为，这幅画像表明了"嫦娥奔月"的传说。

图四十四：画面中部为女娲，人首蛇躯蛇尾，尾部成横"S"形，左右散布有星宿。

图四十三：女娲捧月　南阳西关魏晋墓盖顶石画像

图四十四：女娲捧月　南阳蒲山一号汉墓前室盖顶石画像

图四十五：女娲捧月 南阳英庄汉墓前室盖顶石画像

图四十六：伏羲日·女娲月 南阳麒麟岗汉墓画像石

图四十七：四神 南阳唐河针织厂汉墓北主室盖顶石画像

图四十五：画面中下部为女娲，上部为蛙月。

图四十六：画面中，皆为人首圆躯蛇尾，有翼。三山冠的当为伏羲，高髻步摇者当为女娲；圆分别象征日、月。这幅画表征日、月的交替运行，恰像男、女的阴阳和谐哺育人类一样，生养着世间万物。由此，这是将日月崇拜与始祖信仰予以结合，从而生成了独特的宇宙万物知识体系。

图四十七：画面刻绘朱雀、青龙、白虎及玄武，分别象征四方之神。

图四十八：宇宙意象　南阳麒麟岗汉墓前室墓顶画像

麒麟岗汉画像石：汉代的宇宙意象

　　图四十八：画像刻绘，其中部为天帝，环绕四周的四神：上朱雀、下玄武、左白虎、右青龙。青龙之右人首龙尾的伏羲，怀中抱一日轮，日中有阳乌；白虎之左人首龙尾的女娲与伏羲相对应。女娲怀中应是一月轮。画像最右边刻有七星，七星由连线相连成斗形，即北斗七星。画像最左边刻六星，六星由连线相连为斗形，此当为南斗六星。画面底色龙凤纹饰。

　　这幅画就是汉代人的宇宙图式。其中，北斗星、南斗星与凤日蛙月，象征天文；四神象征四方，也表示地理；而天帝、伏羲、女娲则无疑是人文的表征。如此，所谓的上知天文，下知地理，前知八百年，后推三百年，当是汉代人的基本知识体系。

神仙瑞兽
砥砺奋进的认知范式

> 汉文化继承了楚文化，当然也被赋予了新的因素，从而使其形成了独特的汉文化素质，比如修道成仙、长生不老、万物有灵、乘龟御凤等文化要素都折射在汉画像之中。

神话是基于民间信仰的对宇宙本源、人生目的以及世间万物的直觉观察、比类理解和主观解释，进而又融入民间信仰之中，化作人们的精神素养，传播生活知识，培育道德情操，滋养认知范式，从而激励人们去勇敢拼搏、勇于进取。神话作为民间信仰，既是人类共有的精神家园，又有着民族性、时代性、激励性的特征。经历了五千年文明洗礼的中华民族，其神话有着丰富的内容与独特的魅力。而这内容丰富、魅力独特的神话，正聚焦于两汉的汉画像之中。观赏南阳汉画馆的馆藏珍品，不仅可以了解汉代的神话故事，又可以借机欣赏民族文化的精彩章节，真可谓是人生美好的一瞥。

楚文化有着丰富的、神秘的神话元素。屈原的《天问》《九歌》，可谓是楚文化中神话的巅峰之作。而屈原所提出的宇宙本源、人生目的,以及世间万象,汉画像中都予以了直观的图像阐释。汉文化继承了楚文化,当然也被赋予了新的因素,从而使其形成了独特的汉文化素质,比如修道成仙、长生不老、万物有灵、乘龟御凤等文化要素都折射在汉画像之中。可以说,南阳汉画是神话之《史记》,美术之《离骚》!

考察南阳汉画馆中的神话画像,可以分为以下三个方面:

一、关于宇宙起源、人类始祖的神话,汉画中有盘古、伏羲女娲;

二、关于人生目的、修道成仙的神话,汉画中有西王母、蟾蜍、仙人乘龟;

三、关于万物有灵、瑞兽祈福的神话,汉画中有青龙、白虎、凤鸟、熊、鹿、牛等。

盘古、伏羲女娲:始祖神的汉代形象

每个民族,甚至每个时代,都有关于天地、人类起源的神话传说。汉代也概不能外,有关天地、人类起源的传说,可以说是数不胜数。按照汉代人的观念,宇宙是由气体所组成的,开始混沌如鸡蛋。其中,盘古就生活在其中。过了很多年之后,盘古逐渐长大,于是手持斧子,砍出了天地,清气上升为天,浊气下降为地。而人类生于天地之间,秉清气者为贤人、圣人,秉浊气者为恶人、奸人;秉阳气者为男子,秉阴气者为女子,而男女结合,又生男女,所谓一生二、二生三,说的就是这个原理。

图一：盘古执斧　南阳蒲山二号墓东墓门扉背面画像　　　图二：盘古执斧　方城博望汉画像石　　　图三：始祖·伏羲女娲南阳汉画像石

图四：始祖女娲·人物　南阳汉画像石

《汉书人表考》卷2引《春秋世谱》载，华胥生男子伏羲，生女子女娲。

这里的"华胥"，当是指盘古。

人类之初，首先经历的是母系氏族社会，即人们只知其母不知其父，所以，在汉代的神话传说中，更多的是源自女娲的故事。如说女娲是人首蛇身，抟土造人。

如司马贞《史记·补三皇本纪》载："女娲氏，亦风姓，蛇身人首，有神圣之德，代宓牺立，号曰女希氏，无革造，惟作笙簧，故《易》不载。"

再如《风俗通义·佚文·辨惑》载："俗说，天地开辟，未有人民，女娲抟黄土作人，务剧力不暇供，乃引绳于泥中，举以为人。故富贵者黄土人也，贫贱者縆也。"

图一：盘古执斧。南阳蒲山二号墓东墓门门扉背面画像。

图二：盘古执斧。方城博望汉画像石。

图三：画面刻三人，下部一人赤身裸体，当为始祖，其上则为伏羲和女娲，人首蛇躯。

图四：始祖女娲·人物。南阳汉画像石。

图五：画面相对复杂。其中下部刻人首、身躯与蛇尾者，当是女娲；右上部为螺，其头右伸；左侧则为一躯体上长出三个人面首。这幅画表示人类初始，女娲造人的传说。

149

图五：始祖女娲　南阳邢营一号魏晋墓东主室盖顶石第五石画像

图六：画面右侧刻螺，其头左伸；中右部分刻始祖，其身左右侧各出人首，其身左还有一男女面首并共用一环躯。显然，这两个画像都象征着男女交媾而繁衍。画像中部雕刻四连星、单星七个，表示人类的繁衍与生生不息。

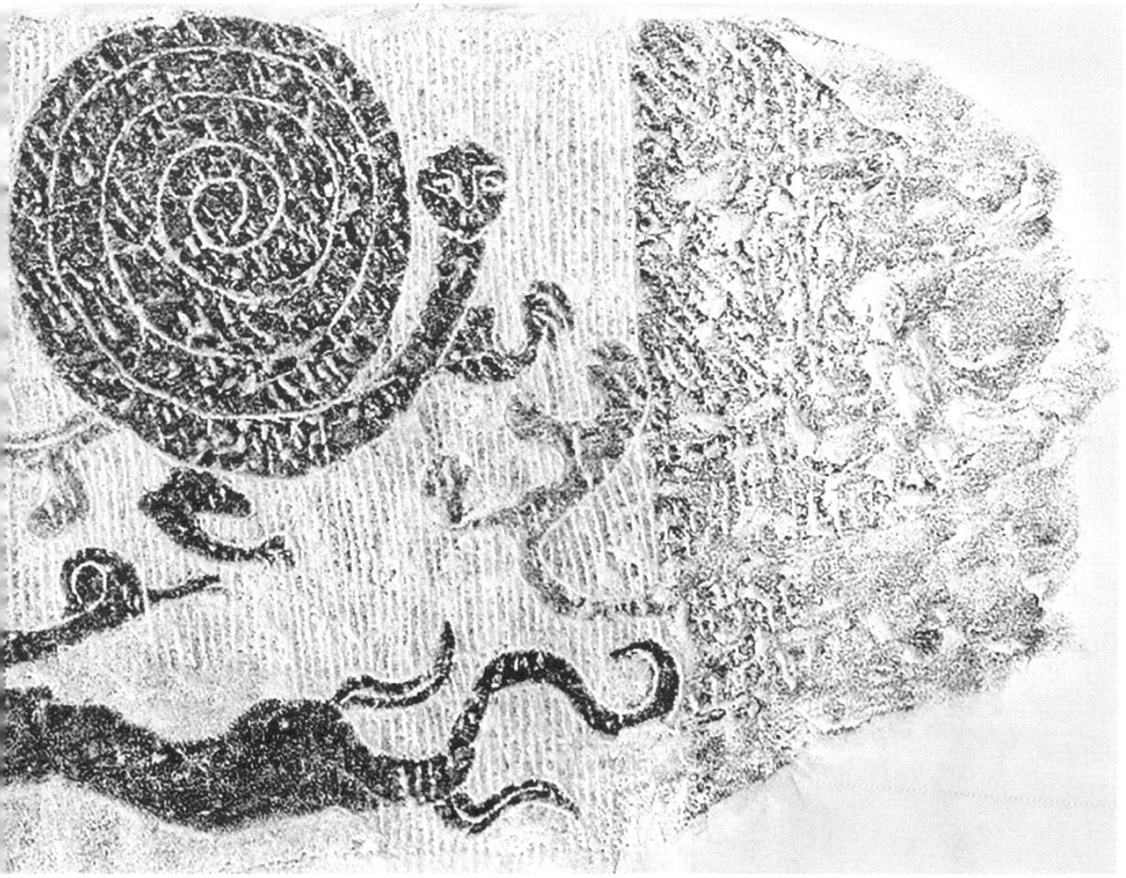

图六：始祖伏羲　南阳汉画像石

图七：伏羲执灵芝　南阳十里铺二号汉墓后室南门柱北侧画像

图八：伏羲执灵芝　南阳妇幼保健院东晋墓画像石

图九：伏羲执灵芝　南阳邢营一号魏晋墓西主室盖顶石第二石画像

图十：伏羲执灵芝　南阳王庄魏晋墓门西立柱背面画像

图十一：伏羲执灵芝 南阳草店汉墓主室北门柱画像

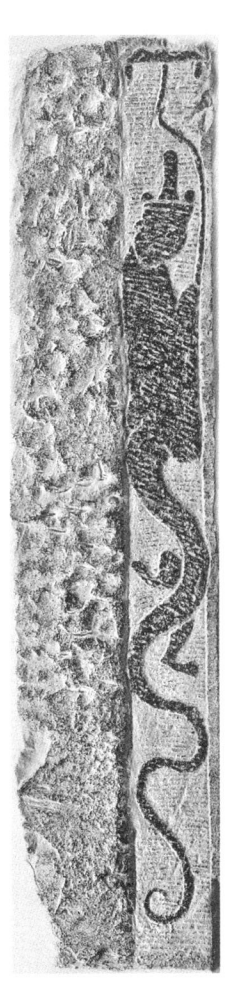

图十二：伏羲执灵芝 南阳汉画像石

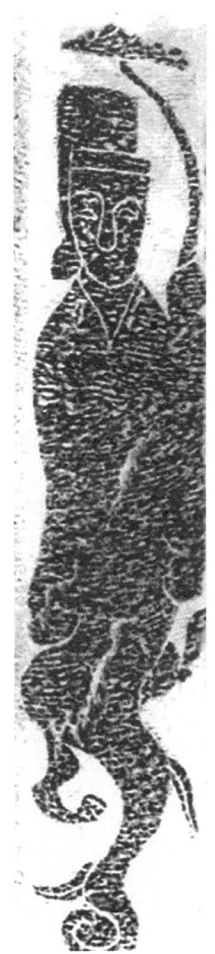

图十三：伏羲执灵芝 南阳汉画像石

图十四：伏羲执灵芝　南阳汉画像石

图十五：女娲执芝　南阳二化厂三十号汉墓画像石

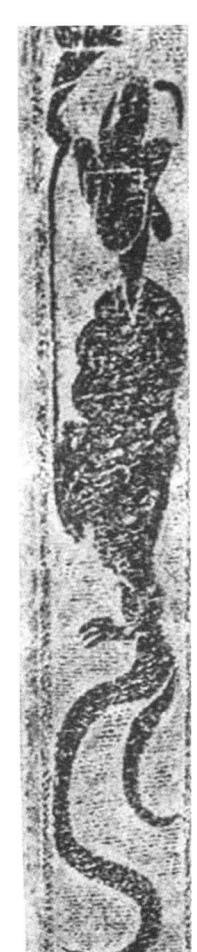

图十六：女娲执灵芝 南阳英庄汉墓画像石

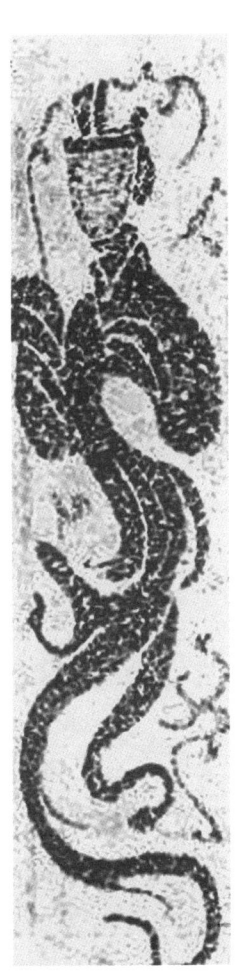

图十七：女娲执仙草 南阳汉画像石

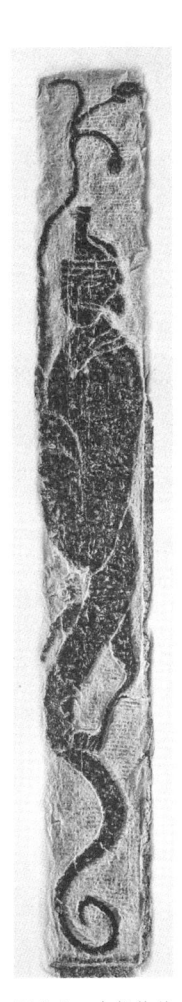

图十八：女娲执仙草 南阳汉画像石

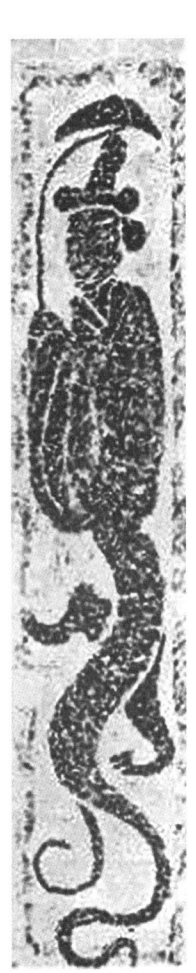

图十九：女娲执灵芝 南阳汉画像石

图二十：伏羲女娲执灵芝 南阳军帐营汉墓前室墓门中柱正面画像

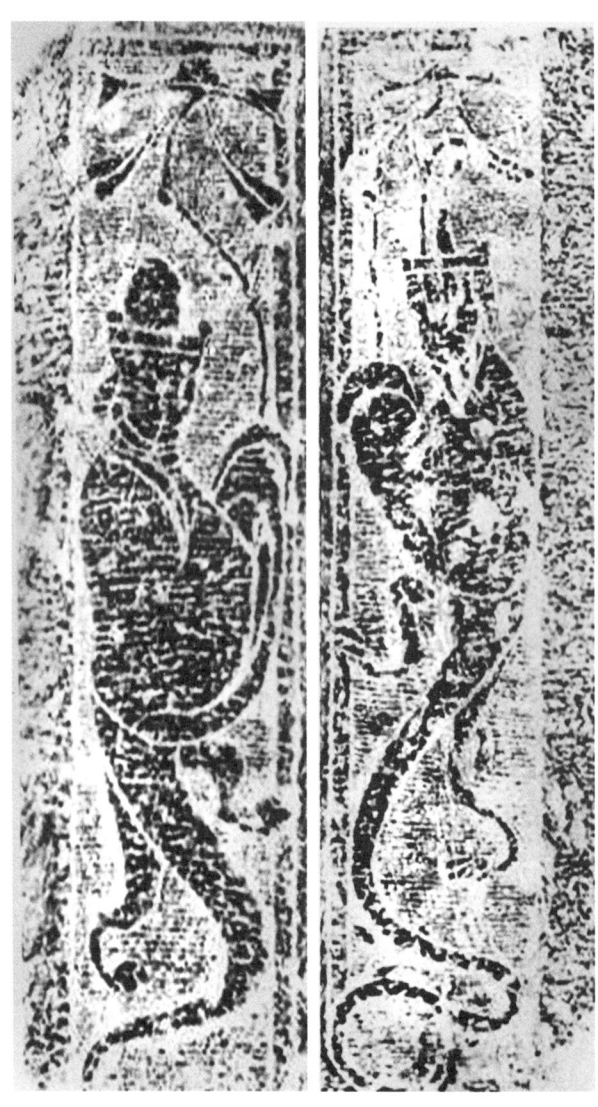

图二十一：伏羲女娲执仙草 南阳蒲山一号汉墓主室东、西门柱画像

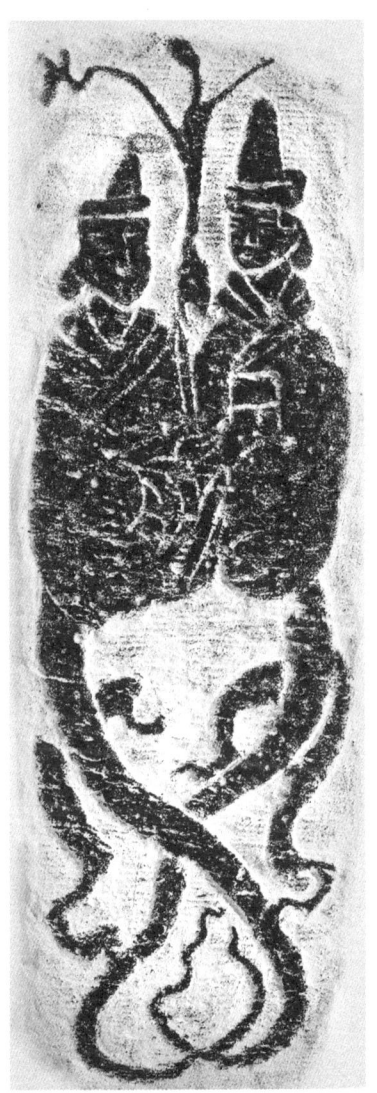

图二十二：伏羲女娲共执仙草 南阳汉画像石

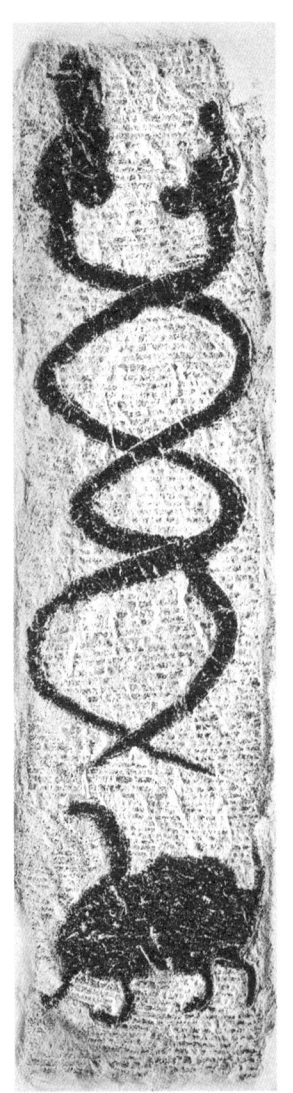

图二十三：伏羲女娲人首蛇尾相交·神龟 南阳汉画像石

西王母东王公：神仙信仰的汉代偶像

图二十四：画面左侧刻西王母侧面端坐，其面前有手执仙草的羽人跪拜，捣药兔。汉代将西王母看作是神仙，青春常驻，不老女神，因其常在昆仑山修身，所以也被称为山神或山主。

图二十五：画面右侧为昆仑山，山上有西王母侧面端坐山坡，其前有一玉兔捣药，其山顶有青鸟飞翔与九尾狐在游走。画面左侧为山，山前的树下，女子抚琴。画中部为古树，树下有休憩的两只青牛，树前的牛有角，竦背，很清晰，树后的牛只见身影；树上有比翼鸟双飞，仿佛为琴音所感，即将双双落于枝头。

图二十六：画面上中部刻绘西王母、东王公打坐昆仑山，山下为捣药兔，山上有凤鸟，羽人乘鹿。

汉代的西王母崇拜，开始将其作为神仙，是长寿的偶像。东汉之后，可能从阴阳和谐的角度考虑，为其配上了东王公。这样，画像中就出现了西王母和东王公在一起或者相配的画面。

图二十四：西王母　南阳汉画像石

图二十五：西王母听琴　南阳十里铺汉墓画像石

图二十六：西王母、东王公打坐昆仑山 南阳汉画像石

图二十七：西王母·伏羲女娲　南阳英庄汉墓画像石

图二十七：画面刻四人，其中部为西王母，戴胜端坐；其左右两侧各刻一羽人手持长戟，当为侍卫；最外侧则为人首蛇躯的伏羲女娲。从现有的画面看，可能是受石块面积的限制，工匠未能刻上伏羲女娲蛇尾相交的部分，抑或是之前笔墨彩绘，但被侵蚀掉了。

观察这幅画，需要有以下两个视角：

一是信仰视域的视角。这幅画虽然不完整，但是西王母左右的伏羲女娲图像的印痕非常明显，由此可知，在这幅画中，汉代的西王母崇拜，已经由长寿的偶像、不老的神仙提升为大母神的位置或高度。这种以西王母为大母神，其左右两侧为伏羲女娲的画面，在山东汉画像石中非常多，在南阳这可是仅见的一幅。

另一个视角，是立体透视的眼光。观察这幅画像，首先要将西王母置于后方的核心位置，然后再看其身边的侍卫。这样，所看到的画面是侍卫、西王母、伏羲女娲的顺序。

图二十八：蟾蜍仙草　南阳麒麟岗汉墓画像石

图二十九：蟾蜍　南阳麒麟岗汉墓画像石

图三十：仙人戏蛙（蟾蜍）　南阳麒麟岗汉墓画像石

瑞兽：神仙祈福的神灵凭借

蟾蜍：衔仙草升仙

图三十一：画面云卷云舒，其中部刻蟾蜍，背生羽翼，阔口獠牙，圆鼓鼓的小腹；其左右两侧分别为伏羲女娲，各手持仙草，人首蛇躯蛇尾相交于蟾蜍；画像左侧上方有一小女孩，宽大的衣裙，迎风翻卷。

图三十二：画面云卷云舒，中部刻蟾蜍，双目圆瞪，阔口獠牙，双手高举，下肢弓步，作舞蹈状；其左右分别是伏羲女娲，各自背身生翼，手持仙草，人首蛇尾相交于蟾蜍；其下部左右各刻人面长蛇、小蝌蚪。

图三十一：蟾蜍·伏羲女娲　南阳麒麟岗汉墓顶石

图三十二：蟾蜍·伏羲女娲 南阳麒麟岗汉墓顶石画像

这两幅汉画的看点：

一是将蟾蜍当做大母神、始祖神，所以其左右两侧有着伏羲女娲的蛇尾相交的生殖崇拜意象。蛙的繁殖力极强，当大地回暖、春寒料峭时，河沟、池塘里，早已是蛙声齐鸣，蛙也就开始大量繁殖了。可见，蛙、蟾蜍作为始祖神被崇拜，意味着祈求多子多福。古人还认为，经过冬眠后复活的蟾蜍，是不死的，是长寿的偶像。晋葛洪《抱朴子》说："蟾蜍寿千岁。"《道书》载："蟾蜍万岁，背生芝草。出，为世之祥瑞。"

二是肩生翅翼的伏羲女娲，即羽人，与敦煌、西方基督教中的飞天，在绘画技法上是完全不同的。敦煌绘画中的飞天是以人物身躯的弯曲和衣裙丝带的飘逸象征飞天，基督教中的飞天则是在人物肩背上绘画像鸽子的双翅，汉画的飞天则是寥寥的线条，象征背生羽翼。所以，著名学者冯其庸先生曾经多次强调，汉画是中国本土的文化，是敦煌之前的敦煌。其中，汉画的飞天就是最主要的代表。

灵龟：悠然长寿的升仙体验

俗话说，千年王八万年鳖。古人以为，鳖龟是长寿的生灵，上通天文，下知地理。所以，南阳汉画像中，有着各种各样的灵龟画像。

图三十三：画面刻仙龟，张开嘴巴，前腿前奔，后腿蹬身，尾巴飘逸，背上有翼，似乎正在云中奔驰。

图三十三：仙龟　南阳麒麟岗汉墓画像石

图三十四：仙人乘龟　南阳麒麟岗汉墓画像石

图三十六：月神·乘龟升仙　南阳汉画像石

图三十五：仙人乘龟　南阳麒麟岗汉墓画像石

图三十六：画面右侧刻玄武，左侧为月仙（或为西王母），中间当为升仙者。画面寓意仙人乘龟升天，拜见仙人西王母。也曾有学者将这幅画说成是"嫦娥奔月"。

翼龙：屈伸自如的人生态度

图三十七：苍龙　南阳麒麟岗汉墓画像石

图三十八：应龙　南阳鄂城寺横梁正面汉画像　拓片曾被鲁迅收藏

图三十九：《山海经·大荒东经》载"旱而为应龙之状，乃得大雨"，"应龙，龙有翼者也。"（郭璞注）

图三十九：应龙　南阳汉画像石

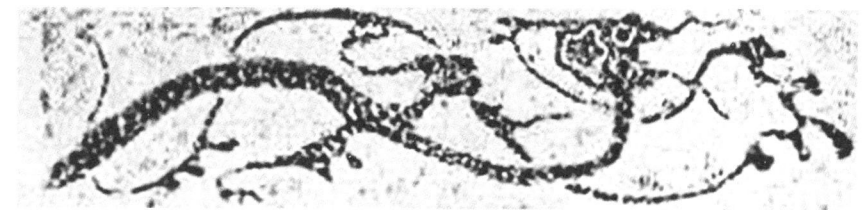

图四十：苍龙　南阳石婆庙汉画像石

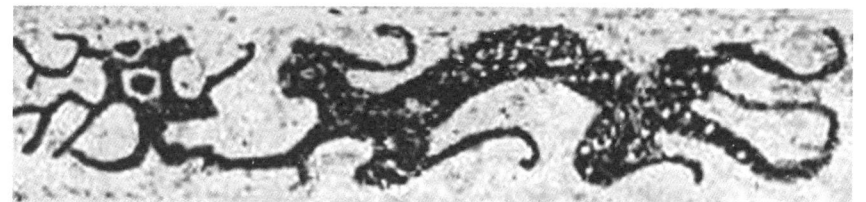

图四十一：黄龙　南阳汉画像石

图四十二：应龙　南阳麒麟岗汉墓画像石

图四十三：攀龙　南阳麒麟岗汉墓画像石

图四十四：应龙　南阳汉画像石　拓片曾被鲁迅收藏

图四十五：应龙　南阳十里铺汉墓　中室门南柱西侧画像

图四十八：苍龙　南阳汉画像石　拓片曾被鲁迅收藏

图四十六：应龙　南阳麒麟岗汉墓画像石

白虎：威猛不屈的人生诉求

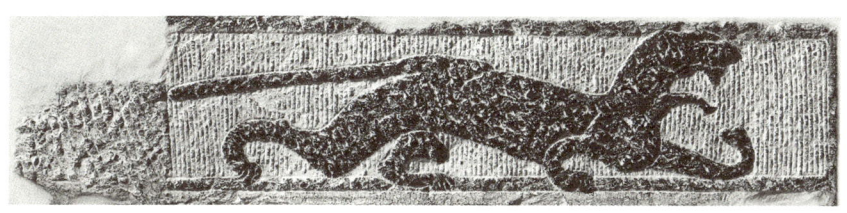

图四十九：白虎　南阳石桥汉墓前室过梁石南面画像

图五十：白虎　南阳汉画像石　拓片曾被孙文青收藏

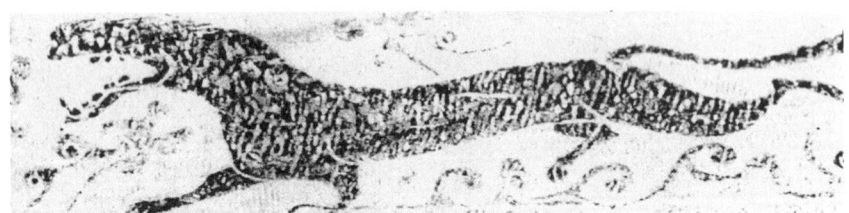

图五十一：白虎　南阳汉画像石

图五十二：白虎　南阳汉画像石　拓片曾被鲁迅收藏

图五十三：白虎　南阳汉画像石

图五十四：白虎　邓州梁寨汉墓　北室门楣正面画像

图五十五：白虎　南阳十里铺二号汉墓　后室门楣背面画像

图五十八：白虎戏兕　南阳建材试验厂晋墓门槛石画像

图五十六：白虎　南阳十里铺汉墓后室南壁中柱南侧画像

图五十七：双虎戏　南阳唐河县针织厂汉墓北主室北壁左上方画像

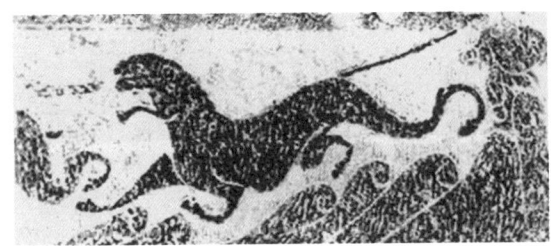

图五十九：白虎　南阳麒麟岗汉墓画像石

图六十：白虎　南阳汉画像石

熊：拙于外秀于内的长寿之星

图六十一：熊　南阳蒲山二号汉墓主室过梁北立柱南面画像

图六十二：熊　南阳麒麟岗汉墓画像石

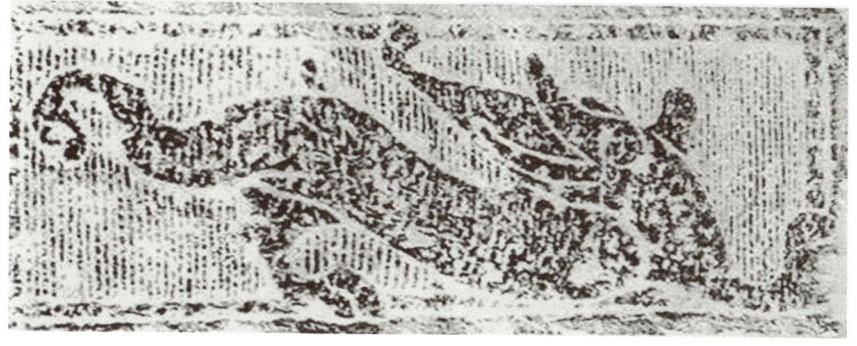

图六十三：熊　南阳蒲山一号汉墓主室中门柱南面画像

凤鸟：有凤来仪的吉祥期盼

图六十四：凤鸟　南阳麒麟岗汉墓画像石

图六十五：凤鸟　南阳麒麟岗汉墓画像石

翼鹿：寄寓朝廷的权贵愿望

图六十六：翼鹿 南阳麒麟岗汉墓画像石

图六十七：鹿 南阳麒麟岗汉墓画像石

大象：吉祥如意的生活期盼

图六十八：画面刻一只好像飞翔的大象，其腰臀丰满，后腿有力，尾巴长卷，其耳垂肩，獠牙尖尖。大象背身有羽翎，意为冲天飞翔。

图六十八：翼象 南阳麒麟岗汉墓画像石

图六十九：骑象　南阳唐河湖阳汉画像石

图六十九：画面上的大象虽残，但不失其神韵，大象钩鼻、怒眼，负重而行，其背上有二人，一人仰卧，一人跽坐。

獬豸：良心道德的自觉践行

《论衡·是应》："獬豸者，一角之羊也，性知有罪。皋陶治狱，其罪疑者，令羊触之，有罪则触，无罪则不触。斯盖天生一角圣兽，助狱为验，故皋陶敬羊，起坐事之。"

按照王充的意见，獬豸就是头生一角的羊。这种羊，能够判断人们是否犯罪。传说皋陶治狱，就是利用獬豸来作为法官的。

《墨子·明鬼下》记载：齐庄王的辖区内，两个臣属壬里国、中里徼，长期争讼不断。齐君想都杀了吧，担心会冤枉一个；都放了吧，又担心会纵容罪犯。于是，请人牵来一头羊，来到齐国的神社里，让两个人都来起誓。将两个人的血放在钵沺里，摁羊头于其上。然后分别读诵两个人的誓言。读壬里国的誓言完毕，接着读中里徼的誓言，读到一半，羊即奋起，用角猛抵中里徼，其脚踝被抵折。这时，门神起来将其吊起，勒死在神社里。当时，很多人都目击了事件的经过。

因此，獬豸，即神羊，当是古代法官的象征。（图七十~图七十三）

图七十：獬豸　南阳汉画像石

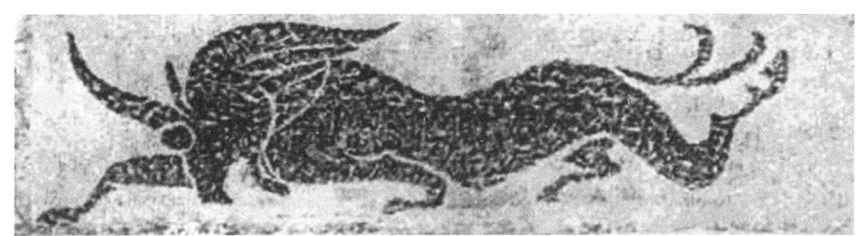

图七十一：獬豸　南阳汉画像石

图七十二：獬豸　南阳汉画像石

图七十三：獬豸　南阳汉画像石

鼠：咬开混沌的拓展之功

马昌仪先生在《鼠咬天开（典藏图文版）》中说："子何以属鼠呢？从鼠的属性来看，鼠的活动时间正是夜未央之子时；而子时又是天地相交、阴阳交接、混沌初开之际，鼠是耗虫，不耗则天之气不开，只有鼠才有本事把混沌一团的天地咬开。"鼠咬天开之说即由此而来。而《汉书·律历志》又说："阴阳合德，气钟于子，化生万物者也，故孳萌于子。"鼠是化生万物者，又是生命繁衍的象征，故子属鼠。

图七十四：画面刻鼠弓步张嘴，欲以撕咬。其身周围云雾缭绕，好像印证"鼠咬天开"的神话。

图七十五：画面刻鼠有翼，嘴衔灵芝，从天而降，其飞翔的羽翼及其尾翼，如凤凰羽翎。

图七十四：鼠　南阳麒麟岗汉墓画像石

图七十五：翼鼠　南阳麒麟岗汉墓画像石

舞乐百戏
奢华身心的欢愉生活

南阳汉画像石中，乐舞的内容十分丰富，以功能来分所谓的雅乐、燕乐、军乐、俗乐，以形式来分所谓的器乐、歌唱、杂技，以源流来分所谓的本土民族乐、引进的西域乐，都可以找到相应的画面。

众所周知，礼乐是中国传统文化的核心。礼有两种内涵，一是外在的行为规范，二是内在的制度约束；相应的，乐也有两种内涵，一是外在的音乐舞蹈，二是内在的精神愉悦。礼乐文明的核心要义就是既讲纪律、法制与规范，又讲上下一心、同心同德、和睦共处。用通俗的话说，礼乐文化讲究的就是"团结紧张，严肃活泼"。汉代是传统文化的凝聚、升级与最终的定型时期，礼乐文明由此得以加固强化。南阳汉画馆中所珍藏的藏品中，将礼乐文明予以全方位的呈现。大致说来，上述的门吏、车马出行、拜谒，都展现了汉代的礼制特征，而下述的乐舞百戏，则是其乐舞文明的充分展现。

汉代的乐舞百戏继承了先秦以来的各种优秀的曲目。南阳汉画像石中,乐舞的内容十分丰富,以功能来分所谓的雅乐、燕乐、军乐、俗乐,以形式来分所谓的器乐、歌唱、杂技,以源流来分所谓的本土民族乐、引进的西域乐,都可以找到相应的画面。

最主要的是,在汉代乐舞百戏的南阳汉画中,还有一大部分傩的内容。"南都帝乡"可能更受宫廷音乐的影响,也许是为之培育人才或准备乐队,傩的"龙虎戏""博虎戏牛""搏熊戏牛"等等,非常之多,让人眼花缭乱,目不暇接。

舞乐百戏:精神愉悦的合理表达

图一:画面上部刻人首蛇躯之女娲,右手举排箫,左手执鼗鼓;下部龟蛇相交的玄武。

图二:画面中伏羲左手执排箫吹奏,右手当高举鼗鼓或其他乐器。

图三:画面从右至左,依次为:高梳

图一:女娲执排箫·玄武 南阳唐河针织厂汉墓北主室北侧柱正面画像

图二：伏羲吹排箫 南阳唐河针织厂汉墓南主室南侧柱正面画像

图三：舞乐倒立　南阳唐河汉郁平大尹冯君孺久墓南阁室南壁西上部画像石

图四：舞乐百戏　南阳汉画像石

发髻，身着紧身衣的准备者、倒立者、双折腰长袖舞者、吹埙者、双摇鼗鼓者、吹竽者。

图四：画面由右至左，依次是击鼙鼓、倒立、耍壶、踏桴长袖舞、击铙、吹埙各一人、吹排箫摇鼗鼓二人、执桴击建鼓二人。

图五：舞乐百戏　南阳石桥汉墓北耳室门楣正面画像

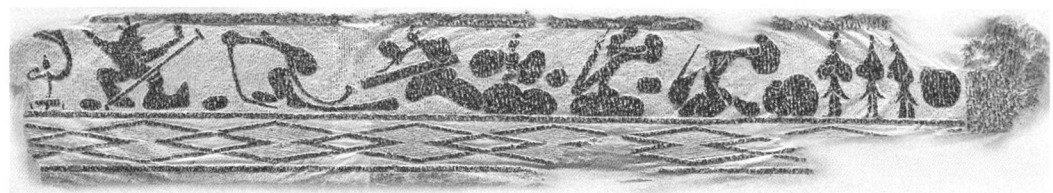

图六：舞乐百戏　南阳汉画像石

图七：舞乐百戏　南阳草店汉墓画像石

图八：跽坐观舞 南阳汉画像石

图五：画面自右至左：发髻高耸窄袖拖地长裙的吹埙者与吹排箫摇鼗鼓者、戴獬豸冠手摇令旗者、高髻束腰踏桴巾舞者、束腰倒立于樽者、高髻束腰举手踏舞者。

图六：画面右起，三高髻宽袖短裙的歌者、二执桴击鼓者、吹埙者、古色者、踏鼓巾舞者、执杵击钟桴者、束腰倒立于樽者。

图七：画面自右依次为踏鼓巾舞者、束腰倒立于樽者、吞剑者、三歌者、鼓瑟者、观赏者及其侍卫执金吾。

图九：舞乐百戏　南阳汉画像石

图十：舞乐百戏　南阳阮塘汉画像石

图十一：鼓乐　南阳汉画像石

图十二：舞乐百戏　南阳汉画像石

图十三：乐舞百戏　南阳唐河电厂汉墓西侧室门楣正面画像

图八：画面右起，樽、玩耍的俳优、长袖舞者、席地而坐的男女主人。

图九：画面右侧两人执桴击鼙鼓，其中有樽，中间有高髻束腰女鼓瑟者、长袖舞者、俳优，左侧两女倒立于樽者，其间有壶三个，樽一个。

图十：画右起，戴面具击桴者、执桴击鼙鼓者、吹埙者、高髻女子鼓瑟。

图十一：画面右起，建鼓舞（残）、二吹埙者、二吹排箫摇鼗鼓者、执笏跪拜者。

图十二：画面自右至左为：击铙者、二吹排箫摇鼗鼓者、其间为吹埙者、抚琴者、倒立者、弄壶耍鼗鼓者、长袖舞者。

图十三：画面右侧为舞乐百戏，依次为长袖舞者、弄丸者、执桴击鼓者、吹长笛者；右侧为六位跽坐抄手的看官。

图十四：鼓舞　南阳二化厂三十号汉墓画像石

图十四：画面中间为巾舞者，两侧为击鼓伴舞者。

图十五：画面中部为酒樽，其右侧为紧身上衣的踏盘舞者、击鼓者；其左侧为吹排箫摇铃二人。

图十六：画面右侧起，依次为吹排箫摇鼗鼓二人，吹埙者、鼓瑟者、击鼙鼓者。

图十七：画面中部为杂技冲狭，即钻火圈。中刻一狭（火圈），其右侧有伎人纵身腾空欲跳跃，其左侧一人刚刚钻火圈而过，正欲站直。画面右侧为三人，左侧一人，或吹埙，或击鼓。

图十八：画面分为三层。其下层为六博游戏，两人做游戏状，其右侧则为拜谒者，左侧为侍者。其中层与上层当为一个画面，其上层左右两侧当为男女端坐的主人，其面前有双壶、酒樽，拜谒者；其中层当为乐舞百戏，自右至左依次为吹埙者、长袖舞者、操持桱篌者、鼓瑟者、击鼙鼓者。

图十五：舞乐　邓州梁寨汉墓过梁石西段北面画像

图十六：器乐合奏　南阳唐河汉画像石

图十七：杂技冲狭　南阳汉画像石

图十八：舞乐百戏 南阳唐河针织厂汉墓画像石

图十九：鼓舞 南阳汉画像石

图二十：鼓舞 南阳汉画像石

图二十一：鼓乐 南阳汉画像石

图二十二：建鼓舞 南阳唐河汉画像石

图二十一：画面右侧似兽，中间为吹埙者，左侧为后弓执双桴击建鼓（残）者。

图二十二：画面中部为虎座高架建鼓，舞者于其右侧两个、左侧一个，各有执双桴击鼓。

图二十三：画面中间为建鼓及其各执双桴击鼓者，其右侧悬挂编钟，两人执杵而击；其左侧三人依次为击鼙鼓者、吹埙者、吹箫者。

图二十三：鼓乐合奏　南阳草店汉墓主室门楣画像

图二十四：鼓乐合奏　南阳汉画像石

图二十五：鼓乐合奏　南阳汉画像石

　　图二十四：画面左侧刻绘建鼓，其右侧则依次为，吹箫者二人、吹笙者、吹竽者；其左侧有吹埙者。

　　图二十五：画面左侧为建鼓，其右侧有吹埙者，其左右两侧则为要鼗鼓吹排箫者。

傩戏：驱鬼辟邪的集体狂欢

大傩逐疫，即以戏剧性表演的方式来祛除灾病。这是汉代非常重要的活动。可以说，这既是汉代百戏演出的极致，也是民俗活动中最为隆重的驱邪祈福仪式。

根据《后汉书·礼仪志》的记载，大傩逐疫是在腊月八日夜晚举行。

腊月七日，做好准备工作：

1. 从中黄门的宦官家族中挑选子弟，条件是10岁以上，12岁以下的幼童，作为"侲子"，即男巫师，都头系红巾，身穿黑衣，手执大鼗鼓（俗称拨浪鼓）；

2. 一巫师作为方相氏，其装扮是佩戴画着四只眼睛的面具，身披熊皮披风，上穿黑衣下着红裙，一手持戈一手持盾；

3. 十二个青年巫师装扮十二吉祥神兽，身着带毛的皮衣，头戴兽角；

4. 动员所有的中黄门宦官来参与，由冗从仆射带领，准备从皇宫内开始驱逐恶鬼。

大傩逐疫的仪式活动，主要是皇宫内官员与皇室成员的驱邪避疫、祈福求吉活动。其具体的细节虽然已不可知，但作为仪式活动的基础，其旨趣就是祈求每年、每月、每天、每时每刻，都能吉祥平安。作为乐舞百戏的一种形式，其表演应用已经发挥到了极致。可以说，这是一个全体参与的集体狂欢的节目。而其遗续所在，除了在一些少数民族的集体仪式活动可以见到，再就是南阳汉画像石中众多的斗兽、兽斗等搏击画面了。

图二十六：戏虎　南阳汉画像石

图二十七：戏虎　南阳汉画像石

图二十八：武士戏虎　南阳汉画像石

　　图二十六：画面右虎左人。人右手持匕首，左臂平伸挡虎；右画一虎，怒目翘尾，张口。

　　图二十七：画面左虎右人。虎有翼，长尾上卷，昂颈张口；人后弓步，挥臂与虎搏斗。

图二十九：戏虎　南阳方城城关镇汉墓画像石

图二十八：画右刻一人，手持长矛追逐一虎。虎张巨口，作逃遁状。

图二十九：画面中部刻武士，双手抓右侧虎，一脚踹左边虎。

图三十：画面右侧刻一人裸上身，短裤挽袖，徒手斗牛。牛后肢腾起，弓颈猛抵。左侧则刻狮虎戏。

图三十：斗牛·狮虎戏　南阳汉画像石

199

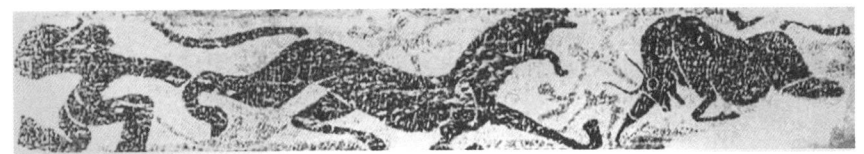

图三十一：搏虎戏牛　南阳第二化工厂三十号汉墓画像石

图三十二：搏虎戏牛　南阳方城县汉画像石

图三十三：戏虎搏击　南阳熊营汉墓墓门西门楣画像

图三十二：画面中部武士紧身衣，赤裸袖口，马步怒拳；右侧刻虎，却步低头败走屈从样；左侧牛奔驰而来，突然耸背低首，也呈屈服状。

图三十三：画面分为两部分。右侧为戏虎，一武士手持长枪，刺向昂首奔扑而来的白虎。左侧为两武士搏击，右侧武士赤膊后弓步反击，左侧武士持长枪怒刺。

图三十四：画面右侧，刻绘以高髻紧身上衣并持刀的武士，手牵狗游玩，狗向着路人，高大雄健；左侧，武士后弓马步、作搏击状，怒目向狗。

图三十四：玩狗　南阳汉画像石

图三十五：钩象戏虎　南阳英庄汉画像石

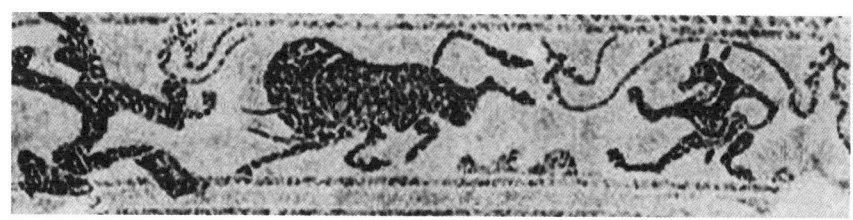

图三十六：搏熊戏牛　南阳北关中原机校汉墓二侧室过梁石南段东面画像

图三十五：画面右侧刻绘钩象者，胡人装扮，右手伸出长钩，钩象；大象低眉顺眼，一副顺从的样子；画面左侧一只白虎，昂首翘尾，阔步走来，看着象、人。

图三十六：画面中部刻绘奔驰怒冲的牛，其左右两侧分别是，前弓步怒拳出击的武士、笑口大张的熊。

图三十七：画面刻二武士戏牛，右侧武士手持空拳，左侧武士手持长枪，牛则后腿弓步，前腿怒奔，低头欲顶。这幅画的特征，也是需要透视

图三十七：武士戏牛　南阳中建七局机械厂汉墓中门楣正面画像

学的视角，将两个武士的直接对视，看作是怒向奔牛，而奔牛向左侧的怒抵，则是在两个武士之间，指向两人。

图三十八：画面右侧为武士戏牛，左手持匕首，右手挥拳，牛则低首怒抵；左侧则为龙狮戏，龙回首张嘴，狮子则笑向迎来。

图三十九：画面右侧刻绘一武士弓步，手持长枪前刺，另一武士左手挡，右手挥拳；左侧刻绘一牛，奋力前抵。这幅画像其实是描写两武士携手戏牛，牛奔扑而来的场面。

图四十：画面右侧、中部刻二武士，皆弓步展拳；左侧刻奔牛，低首怒抵。

图四十一：武士头戴面具，身披盔甲，弓步左右开拳，迎着怒奔而来，身披盔甲的两只金刚猪。

图四十二：画面右侧刻绘一武士手持长枪前刺，一武士弓步曲身，左手抓长枪，右手持刀；其左侧则为龙，奔驰而去。这幅画的阅读，也是需

图三十八：斗牛·龙狮戏　南阳汉画像石

图三十九：武士斗牛　南阳蒲山二号汉墓门东门楣正面画像

图四十：武士戏牛　南阳蒲山一号汉墓门门楣正面东部画像

图四十一：武士戏猪　邓州梁寨汉墓过梁石中段南面画像

203

图四十二：武士戏龙　南阳唐河汉画像石

图四十三：搏虎戏熊　南阳汉画像石

图四十四：搏牛戏鹿　南阳汉画像石

要透视学的，应该理解为，龙奔驰而来，武士携手，或持长枪，或持刀，迎着龙。

　　图四十三：画面中间刻绘武士，后弓步持长枪，刺向前；其右侧为熊，双手高举，其左侧则为白虎，昂首阔步而来。

　　图四十四：画面中部刻武士，弓步，右手抵挡，左手挥匕首；其右侧刻奔鹿，左侧刻回首奔牛。

图四十五：画面分为两部分。其右刻熊虎戏，左侧刻斗牛。

图四十六：画面分为两部分。右刻武士执斧，与熊嬉戏；左刻武士手持长枪刺虎，虎作腾跃逃跑状。

图四十七：画面中部刻武士，赤足挥拳，其左右分别为虎熊相戏、龙虎相戏。

图四十五：熊虎戏·斗牛　南阳汉画像石

图四十六：戏熊搏虎　南阳唐河汉画像石

图四十七：龙虎戏·虎熊戏　南阳汉画像石

图四十八：翼马·虎食鬼魅　南阳汉画像石

图四十九：蛙（蟾蜍）虎戏　南阳汉画像石

　　图四十八：画面右侧刻绘翼马奔腾。中部白虎翘尾、低首撕咬面前的大腿。左侧则为女魃，举手后弓步，其左腿被白虎衔叼。

　　图四十九：画面右侧刻绘翼蛙，展翅空中；左侧昂首挺胸的白虎，奔驰扑来。

　　图五十：上方画面刻绘身着紧身衣的武士，手持长枪，弓步怒刺；左侧武士身着襦衣长袍、挥刀砍砸。

　　下方画面左侧刻绘紧身上衣、阔脸的武士，右手持长枪，左手抵挡，直刺向前；右侧刻高髻、紧身衣、右腿后曲的武士，衣衫褴褛，被动挨刺状。

图五十：击技　南阳麒麟岗汉墓画像石

图五十一：斗牛图　南阳汉画像石

　　图五十一：画面右侧残，可见刻牛臀部，翘尾、弓腿，似乎逃离而去；中部刻绘斗牛，后腿扬起，前腿弓步，怒目低首，脖颈隆起，尾巴昂曲，身躯拉直，正是奔扑抵抗状；右边则刻绘戴面具的武士，身着紧身上衣、短裤，左腿伸直，右腿弓步，左手臂伸出作抵御状，右手持匕首，手臂拉回作前刺状。整个画面所显示的武士之威武、斗牛之凶猛，以及逃牛之屈从，可谓是跃然石上。

书画雕绘

伸曲自得的生命意趣

> 可以说，汉画像中的书法及其雕塑作品，其实展现着汉代人那种伸屈自得的生命意趣。

如果说众多的汉画乐舞百戏场面体现了礼乐文明中"乐"方面的抒发情感、奢华身心的生活状态，那么，书画雕绘则体现了礼乐文明中"礼"方面的敬畏谨慎、心灵净化的生命诉求。

书画是传统人文的载体，也是文明发展的标志。传说仓颉造字，震惊天地，鬼哭神嚎。考究其因，当是人类生存的智慧得以传承积累，并不断进步发展。因为书画强化了人类的记忆，使得人们学有所依，做有所本，从而使人类的每一代生产生活经验得以不断地记录、传承，进而发扬光大。

书画以左图右史的形式，催生了历史学从原始的巫史传诵转化为文字的书写，从而使书画分离，各自成为社会生活中基本的，也是最为高贵的专业技能，因而书画不仅体现着人们的生活状态、价值诉求，而且也体现着生存的智慧与审美的情趣。据此，可以说，汉画像中的书法及其雕塑作品，其实展现着汉代人那种伸屈自得的生命意趣。

书法：古朴与俊秀的文化传承

古朴与苍劲，被认为是汉代书画艺术的主要特征。其实，阅读南阳汉画馆所珍藏的书法作品，除了古朴与苍劲，还有着令人震撼的俊秀、圆润之美。一般来说，古朴与苍劲，所呈现的是民间艺术的特征；而俊秀与圆润，则体现了官府与宫廷艺术的特征。

可以说，许阿瞿墓志流露着古朴与苍劲之美，唐河汉郁平大尹墓的榜题，则体现着官府的俊秀与圆润之美。

图一：许阿瞿墓志（局部）

图二：唐河汉郁平大尹冯君孺墓中室大门门楣上刻："郁平大尹冯君孺人（久）藏阁" "南方"

图一：许阿瞿墓志的原文：

惟汉建宁，号政三年。三月戊午，甲寅中旬。痛哉可哀，许阿瞿身，年甫五岁，去离世荣。遂就长夜，不见日星。神灵独处，下归窈冥。永与家绝，岂复望颜。谒见先祖，念子营营。三增仗人，皆往吊亲。瞿不识之，啼泣东西。久乃随逐，当时复迁。父之与母，感□□□。□□五月，不□晚甘。羸劣瘦□，役财连篇。冀子长哉，□□□□。□□□此，□□土尘，立起□埒，以快往人。

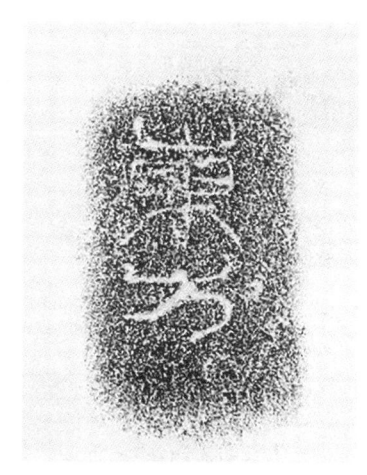

图三：唐河汉郁平大尹冯君孺墓中大门门楣背面题记："东方"

图四：唐河汉郁平大尹冯君孺墓中大门南柱题记："郁平大尹冯君孺人（久）中大门"

图五：唐河汉郁平大尹冯君孺墓南车库东门柱题记："郁平大尹冯君孺人（久）车库"

图六：唐河汉郁平大尹冯君孺墓主室中柱题记："郁平大尹冯君孺人（久）始建国天凤五年十月十七日癸巳葬千岁不发"

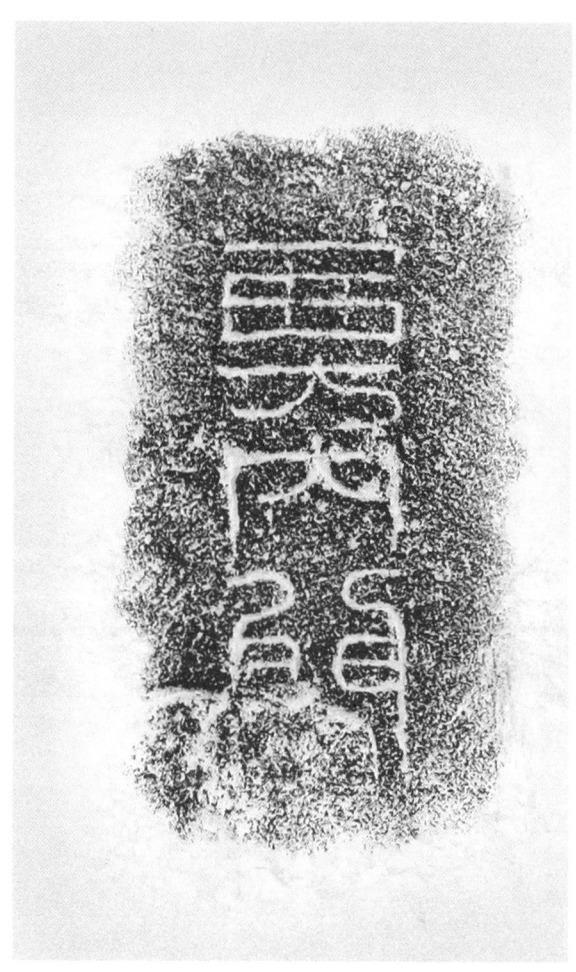

图七：唐河汉郁平大尹冯君孺墓南主室门楣题记："西方内门"

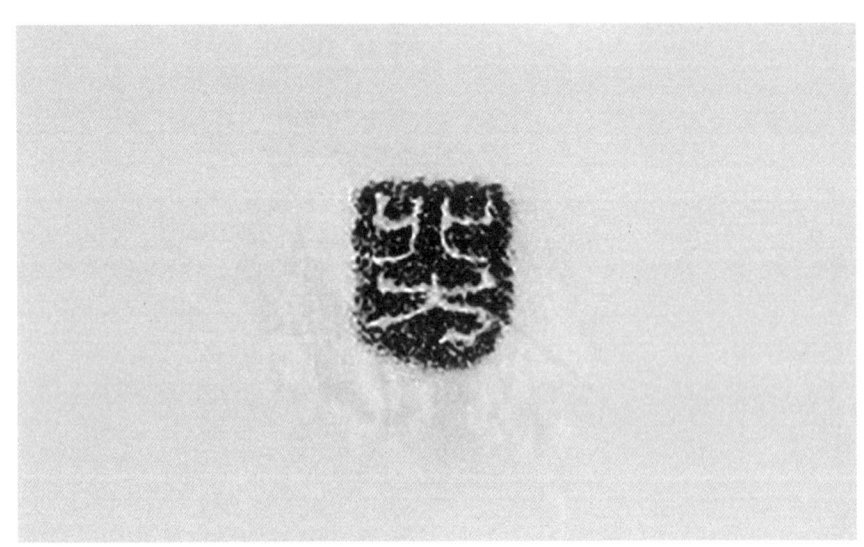

图八：唐河汉郁平大尹冯君孺墓中室北门楣题记："北方"

装饰：恪守规矩的礼治极致

　　如果说汉隶书法承袭了秦朝小篆的风韵，又奠定了楷书的基本结构，其间已经彰显着礼治的特色，那么，在装饰艺术方面，汉代充分借助几何图案，中规中矩，体现着礼治的天人合一精神，张扬着精致的秩序之美。即使两千年后的今天，乍一看，依然让人叹为观止。

图九：穿环　南阳唐河针织厂汉墓北主室顶部画像

图十："W"菱形　南阳唐河针织厂汉墓画像石

图十一：菱形穿环　南阳唐河针织厂汉墓前室盖顶石画像

图十二：菱形星宿　南阳唐河针织厂汉墓南主室盖顶石

图十三：菱形连环　南阳汉画像石

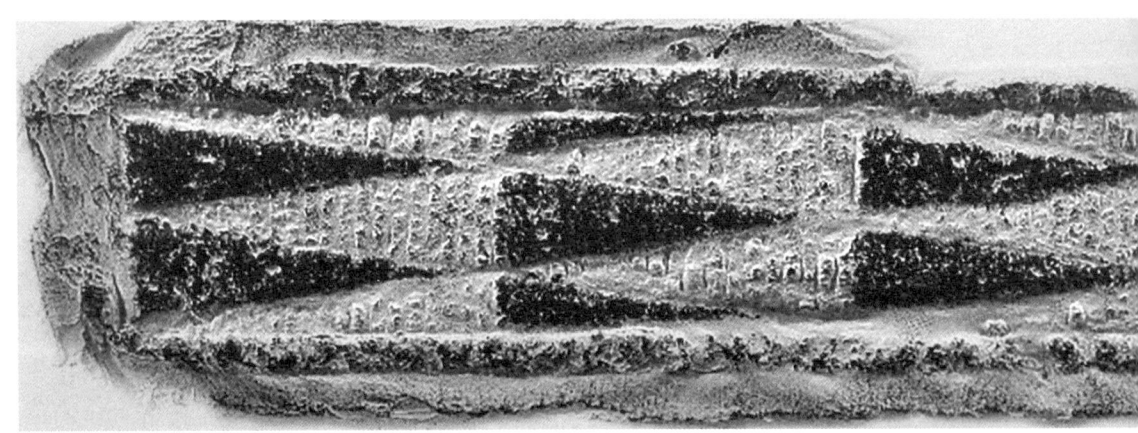

图十六：三角形　南阳汉画像石

图十四：菱形环套　南阳汉画像石

图十五：菱形、双环套　南阳熊营汉墓画像石

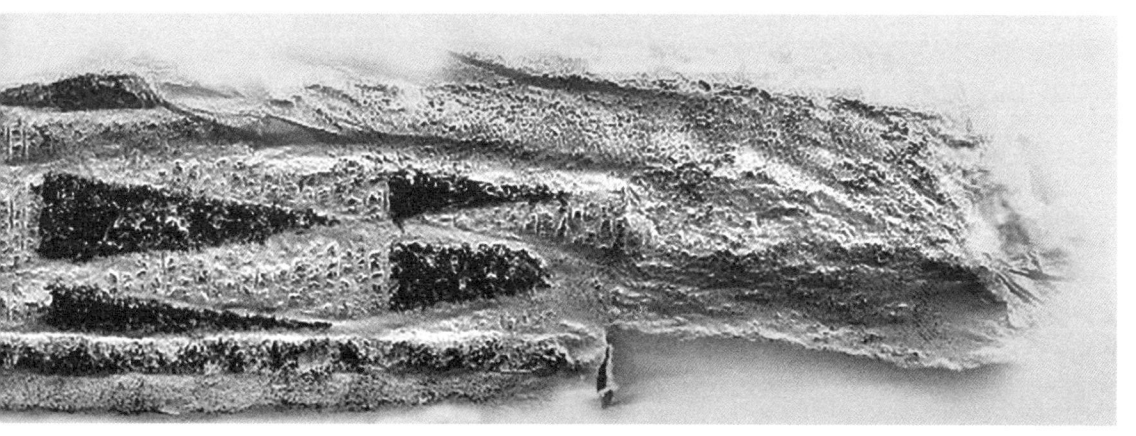

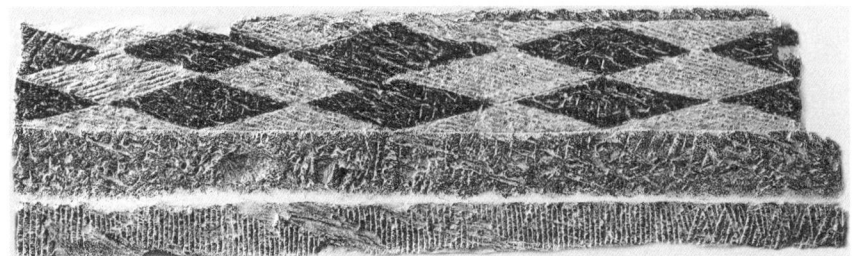

图十七：菱形　南阳汉画像石

图十八：菱形套　南阳汉画像石

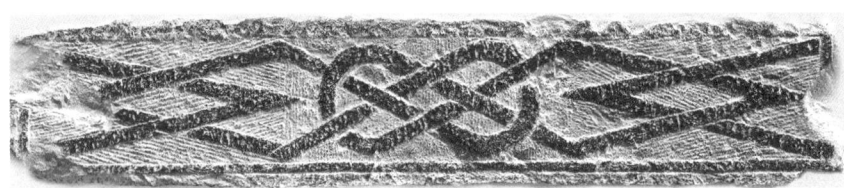

图十九：菱形环套　南阳汉画像石

图二十：菱形环套　南阳市汉画像石

图二十一：龙衔仙草·菱形套 南阳汉画像石

图二十二：三角、菱形套 南阳汉画像石

图二十三：菱形套 南阳汉画像石

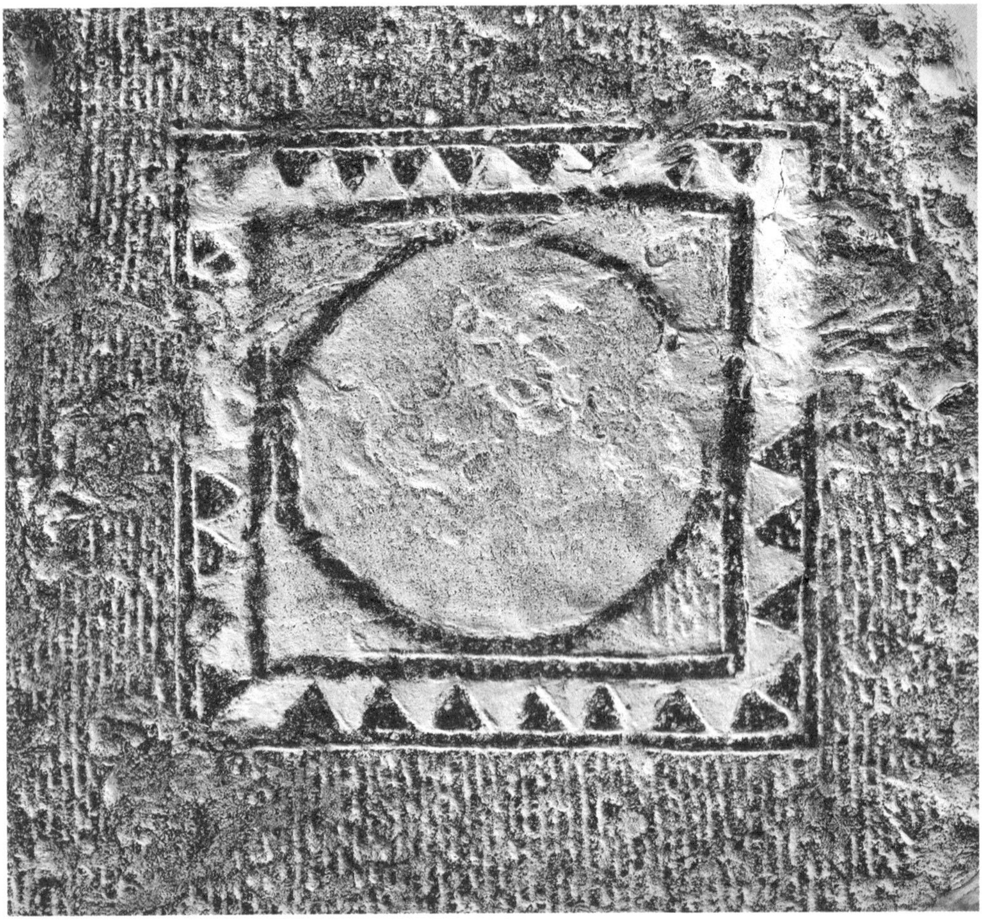

图二十四：祭案　南阳汉画像石

图二十五：菱形穿环　南阳汉画像石

图二十六：菱形连环　南阳汉画像石

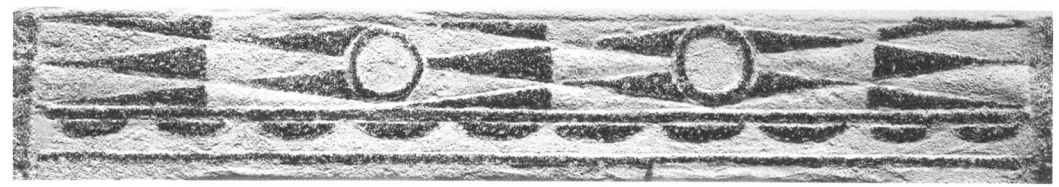

图二十七：三角·环·连弧　南阳汉画像石

图二十八：菱形　南阳汉画像石

高雕龙：望而生畏的凛然威势

如果说，作为装饰的汉画像，以规整的菱形、环形与三角形彰显着礼治的秩序的话，那么，礼治的威严威势则体现在高浮雕的龙上面。本来，龙作为汉代崇拜的神灵，已经以平面画作的各种形式得以展现，而作为装饰艺术，龙又以透雕立体的形象，出现在桥梁、柱基上，而其形象之威猛，让人望而生畏、生敬，从而体现着作为制度的礼的约束、禁止与提醒的功能形象。

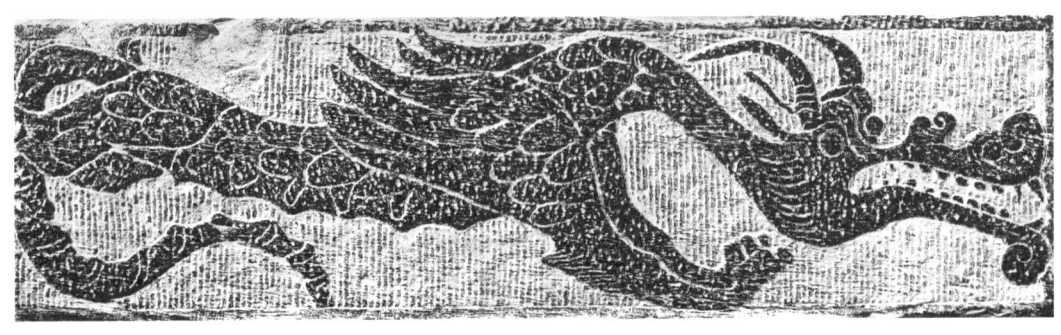

图二十九：翼龙　南阳东风厂汉墓北侧画像

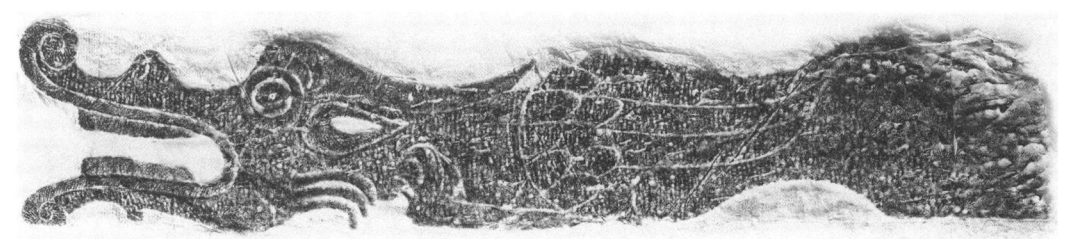

图三十：翼龙　南阳刘洼汉墓前室过梁石北侧面画像

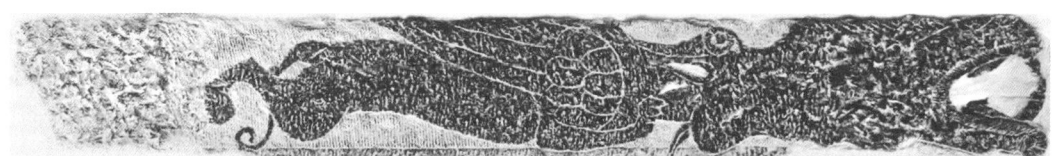

图三十一：翼龙　南阳草店汉墓过梁石北、南画像

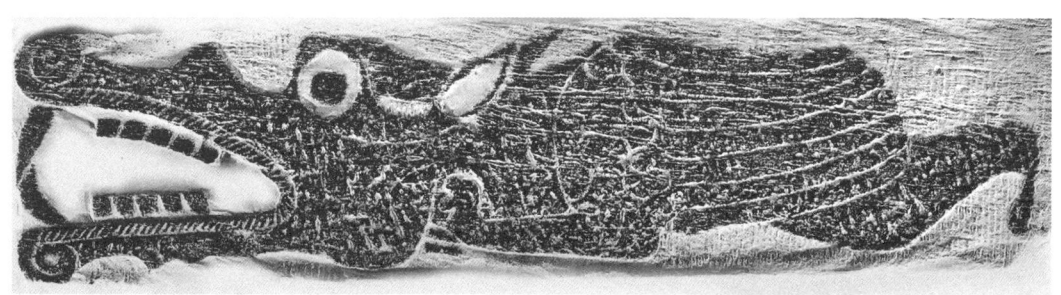

图三十二：翼龙　南阳二化厂汉墓过梁石南、北画像

丝路圣迹

文明互鉴的大汉风华

除了"丝路巡行",还有其他一些图像,比如执节胡人、门吏胡人、武士胡人,以及器乐中的箜篌、瑞兽中的笑狮等等,特色鲜明,彰显了有汉一代的风华篇章!

"汉画是未受外族文化侵蚀之前的纯粹本土文化",冯其庸先生的这一观点,并没有得到学者们的认可,一个不争的事实是,张骞出使西域,开辟了中外文化交流的先河。其时,南亚佛教的个人轮回观点,填补了传统文化对人本质认识的亏欠。古希腊罗马其时正在传播西亚基督教的创世说,也丰富了传统文化的宇宙与人类起源的知识,尤其是古希腊的石刻艺术,在中西沟通的前提下,是否其工匠直接被引进、俘获或者自由闯荡而来?虽然是未知数,但西汉中后期之后,石刻艺术的迅速崛起,确实是一个值得思考的现象。

那么,这些问题,就让考古学家和历史学家去寻觅与探究吧!

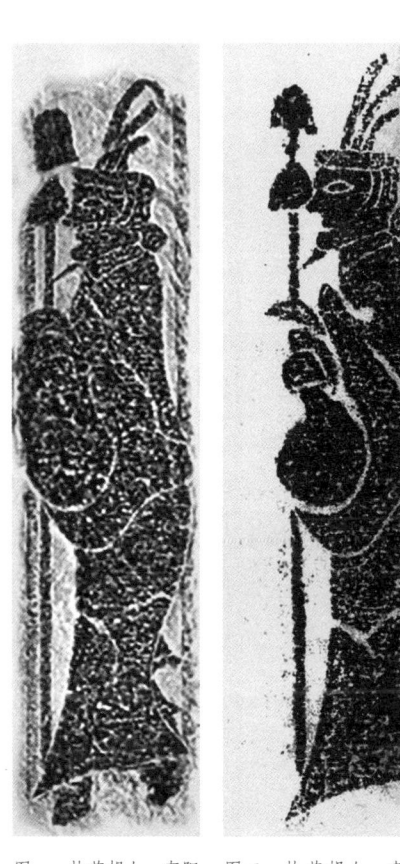

图一：执节胡人 南阳刘洼村汉墓主室门北立柱正面画像

图二：执节胡人 南阳方城汉画像石

我们这里说的是，在南阳汉画馆的珍藏中，确实有与丝路相关的图像。

《汉书·张骞传》："骞以校尉从大将军击匈奴，知水草处，军得以不乏，乃封骞为博望侯。"

张骞博望侯的封地，就在今天南阳市辖区的方城县。在今天的南阳文化中，除了汉画像石的"丝路巡行"图像，还有"胡奴门"的图像，汉画像砖有"胡汉战争"的图像。另外，南阳的民俗语言中，夸赞人或事物的美好，叫作"真馕"或"馕似"。这里的"馕"，当指西域即今天新疆地区的面点。这种面点，在今天南阳本地，又被称作"博望锅盔"。其做法是，将小麦面中和、发酵，然后将其糊在烧热的锅中，待其成型，翻过来再放入锅中，文火，反复几次后，即成熟，放置十天半月，也不会腐败霉烂。吃起来耐嚼，有韧性，耐饥。传说这就是张骞从西域所引进的食品做法。

除了"丝路巡行"，还有其他一些图像，比如执节胡人、门吏胡人、武士胡人，以及器乐中的箜篌、瑞兽中的"笑狮"等等，特色鲜明，彰显了有汉一代的风华篇章!

图一、图二：画面刻胡人，头梳高髻、鼻高大眼、身着礼服、手持双节。

据《汉书·张骞传》记载：张骞出使西域回国之后，得到了众多官吏的响应，大家都上书汉武帝，希望也能够获得出使外域的机会。汉武帝也希望了解外域的情况，于是只要提出申请，都给予仗节权力，以扩大对外交流的通道。与此同时，西域本地的各个方国，歆羡中原的文化、物产，纷纷派使臣仗节而来。汉武帝因此非常高兴。赏赐这些外国来的使臣大量的财物，还请他们观赏大汉王朝仓库中的财物、奇宝，请他们品尝美酒、美食，观赏乐舞百戏、工艺美术。这样，

图三：胡人门吏　南阳方城汉画像石

图四：胡人门吏　南阳汉画像石

极大地吸引了西域各国人士，来中原的人更多了。

图三：画面刻胡人，无帽，稀疏头发，身着短衣短裤，右手执彗，左手执斧。右上方有榜题："胡奴门"。

图四：画面的门吏，头梳高髻，身着长胯裤，龇牙咧嘴，大眼高鼻，左手提盾，右手执棒。

图五：画面刻头戴尖角帽，身着紧身衣，左手持斧，右手持钩镶，张口怒喝，仿佛驱逐敌人。

图六：画面正中刻绘两辆轺车，其间有导骑二，其右侧为三组二侍卫，最右侧有虎本扑而来，被侍卫发现，挽弓搭箭欲射之；其左侧为导骑二，走在最前，侍卫两组，前面一组二骑，后面一组三骑。左侧轺车及其前的导骑及侍卫，都是头戴尖角帽，当为西域人或胡人；右侧的导骑及侍卫，都是头戴平顶冠，当为汉人。这幅画，当为张骞出使西域时，与当地

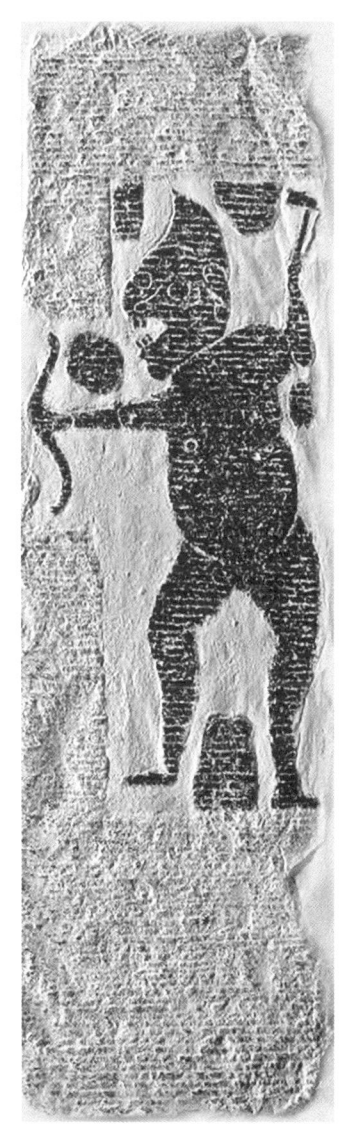

图五：胡人武士　南阳汉画像石

图六：丝路巡行　南阳汉画像石

图七：丝路巡行　南阳英庄汉墓画像石

官员一起出行的表征。这样形式的画面，在南阳本地的汉画像石中，非常之多。

中国社会科学院文学研究所的杨镰先生为研究元代文学，曾经在新疆等地做过多次实地考察。他认为，尖角帽、实轮车（与中原汉族车幅的空心相对而言）与西域虎（体格精瘦），构成了汉代西域文化的基本特征。

所以，这幅画，或者说这种形式的画面，当是张骞出使西域的图像表征。

图七：画面中部刻绘轺车两辆，其中有导骑二，轺车左侧为侍卫汉人车骑两组，最右侧有追骑，其间有虎本扑而来，被侍卫挽弓搭箭被射杀；轺车右侧为胡人导骑二，侍卫二。

图八：画面刻器乐合奏。自右至左，吹排箫摇鼗鼓者、吹竽者、吹葫

图八：箜篌　南阳汉画像石

图九：白虎·雄狮　南阳邢营二号汉墓封门石正面画像

芦丝者、弹箜篌二人、弹筝者、击柎者。

图九：画面右侧刻白虎，本属楚文化的信仰偶像，毋庸赘言；左侧刻雄狮，当为西域引进而来。

《汉书·西域传赞》说汉帝国与西域交通后，其时："巨象、狮子、猛犬、大雀之群，食于外囿。殊方异物，四面而至。"《东观汉记》也说："阳嘉中，疏勒国献狮子、封牛。狮子形似虎，正黄，有须耏，尾端茸毛大如斗。"可见，汉画像中的狮子，原本是来自西域的。